# A2 B1

**Ross Steele**

# CIVILISATION
# PROGRESSIVE
# DU FRANÇAIS

Avec 600 activités

CLE
INTERNATIONAL
www.cle-international.com

Directrice éditoriale : Béatrice Rego
Édition : Brigitte Faucard
Couverture : Miz'enpage
Mise en page : Arts Graphiques Drouais (27320 Nonancourt)

© CLE International / SEJER, Paris, 2019
ISBN : 978-209-038123-8

# Chapitre ❶ L'ESPACE FRANÇAIS

## — L'HEXAGONE p. 9

❶ *Influence* : influençable ; *diversité* : divers.

❷ *couloir* : appartement, bureau ; *carrefour* : route, rue.

❸ 2 ; 4 ; 1 ; 5 ; 3 ; 6. 4.

❹ *montagnes* : 5 ; 4 ; 1 ; 2 ; 3 ; 6 ; 7 ; *plaines* : 8 ; 9.

❺ Les Pyrénées ; les Alpes.

## — LES PAYSAGES p. 11

❶ *une nature généreuse* : culture maraîchère, arbres fruitiers de la vallée du Rhône ; *une couleur spécifique* : genêts, bruyères, fougères de la lande bretonne ; *une odeur* : mimosa, laurier, eucalyptus, romarin, thym, lavande ; *une couleur* : chêne vert et pin d'Alep.

❷ *des arbres tels que le chêne...* : Corse ; *les cultures céréalières* : Bassin Parisien, Beauce, Brie, Flandre, Champagne ; *des cultures maraîchères...* : Vallée du Rhône ; *des vignes* : Vallée du Rhône ; *des pâturages* : Alpes.

❸ *paysages du Nord* : gros villages ; *paysages du Centre et de l'Ouest* : villages étendus ; *paysages méditerranéens* : villages perchés sur des collines.

❻ *Îles du Ponant* : Yeu, Chausey, Belle-Ile, Ouessant, Yeu ; *activités* : tourisme, pêche, agriculture – *problèmes* : trop de résidences secondaires ; augmentation du prix des terrains ; baisse des activités traditionnelles.

# Chapitre ❷ LA POPULATION

## — LE PEUPLEMENT p. 13

❶ *fonder* : les Grecs ont fondé Marseille, Nice, Antibes ; *conquérir* : Jules César a conquis la Gaule ; *envahir* : les Celtes, les Francs, les Vikings ont envahi la France ; *repousser* : Les Arabes sont repoussés à Poitiers ; *donner naissance* : la défaite des Gaulois va donner naissance à la civilisation gallo romaine ; *couronner* : les Francs font couronner Charlemagne.

❷ -2600 : les Grecs ; -1 : les Romains ; +5 et 6 : les Celtes et les Francs ; +9 : les Vikings.

❸ La conquête de la Gaule par les Romains ; la fondation des villes du Sud par les Grecs.

❹ Les invasions étrangères venues d'horizons très différents expliquent le caractère contradictoire des Français et les différences régionales.

❺ guerrier ; malin ; brave ; intelligent ; indiscipliné ; gai.

❻ *Qui sont les néo-ruraux* : des citadins venus s'installer à la campagne ; *Que recherchent les néo-ruraux...* : l'espace, la tranquillité, la sécurité, le rapport à la nature ; *Conséquences pour le village d'Orléat* : nécessité d'investir (école, santé), d'offrir de nouveaux services (commerces).

## – L'IMMIGRATION P. 15

❶ *immigré* : qui vient s'installer en France ; *émigré* : qui part s'installer ailleurs ; *sans-papier* : immigré arrivé et installé en France de façon clandestine ; *flux migratoire* : pourcentage de population immigrante installée en France ; *taux de fécondité* : nombre d'enfants par femme.

**❷** *Tunisiens, Algériens, Marocains* : 1950-1960 ; *Polonais, Arméniens, Russes* : 1920-1930 ; *Portugais* : 1950-1960 ; *Italiens, Espagnols* : 1890 puis avant la Seconde guerre mondiale (immigration politique et économique) ; *Africains, Turcs, Asiatiques* : 1980.

**❸** Suspension de l'immigration du travail organisée, politique d'incitation au retour dans les pays d'origine, expulsion des sans-papiers.

**❹** Adhésion au modèle politique, culturel, économique du pays d'accueil ; accession à des fonctions de responsabilité économique, politique, culturelle ; réussite politique, culturelle, économique, sportive.

**❻** *étrangers concernés par l'initiative* : 2 millions d'étrangers non européens ; *conditions de l'application de la loi* : vote limité aux élections municipales sans possibilité de devenir maire ; *Pour et contre* : POUR : partage du travail, de la vie quotidienne, contribution à la richesse, moyen d'intégration – CONTRE : droit attaché à la nationalité et à la citoyenneté, pas de réciprocité de la part des pays d'origine.

## – L'IDENTITÉ P. 17

**❶** devenir *français* ; vivre *ensemble* ; abandonner *ses particularités* ; se fondre *dans une identité plus vaste.*

**❷** C'est une adhésion libre et raisonnée à un modèle, à des valeurs, à une histoire.

**❸** Liberté de réunion, d'association, de culte, d'expression, de déplacement – égalité devant la loi – fraternité (solidarité) entre les citoyens.

**❹** *Versailles* : l'État ; *Notre-Dame* : chrétienté ; *Arc de Triomphe* : le sang versé ; *Panthéon* : l'exemple et la gloire des grands hommes et des grandes femmes ; *Le mur des Fédérés* : lutte et justice sociale ; *Mont Valérien* : esprit de résistance ; *Académie française* : rayonnement de la langue française et unité par la langue ; *Tour Eiffel* : génie technique et industriel.

**❽** *utilité* : identifier un groupe, un pays, une communauté – *choix* : dépend du régime politique, du dictateur, du parlement – *couleurs* : rouge : révolutionnaire, vert : nature, jaune/or : richesse ; *couleurs du drapeau français* : bleu et rouge : couleurs de Paris, blanc : couleur de la monarchie.

## – L'ESPRIT FRANÇAIS P. 19

**❶** *beaux esprits* : que l'on remarque pour la qualité de leur conversation ; *mauvais esprits* : qui ont tendance à noircir l'état de la société ; *gens d'esprit* : qui brillent en société.

**❷** *pamphlet* : écrit qui dénonce / *J'accuse* (Zola), *Les Châtiments* (Victor Hugo), *Mélanges, pamphlets et polémiques* (Voltaire) ; *sonnet* : poème de 14 vers comprenant 2 quatrains (4 vers chacun) et 2 tercets (3 vers chacun)/Ronsard (16e siècle), Baudelaire (19e siècle)…

**❸** *l'esprit voltairien* : esprit qui critique et se moque ; *l'esprit rabelaisien* : esprit qui cultive l'excès dans la bonne humeur ; *l'esprit cartésien* : esprit qui s'appuie sur la raison et dont le raisonnement s'apparente à une démonstration.

**❹** La forme, le sens de la formule, l'esprit de répartie.

**❺** Cyrano est le personnage le plus populaire du théâtre français. C'est la pièce française la plus jouée au monde. C'est Edmond Rostand (1868–1918) qui a fait un mythe de ce personnage historique grâce à sa pièce créée en 1897. Opéra, télévision, cinéma, la pièce a fait l'objet de multiples adaptations. Cyrano est un personnage qui n'est fait que de mots : il combat, il aime, il vit, il meurt par les mots.

**❻** Organisation, clarté, goût pour la synthèse, brièveté.

**❼** *citation 1* : identité entre langue et nation ; *citations 2 et 3* : savoir jusqu'où on peut pousser la langue dans ses limites ; *citations 4, 5, 6, 7* : éblouir par l'esprit : la forme compte plus que la sens, plus que la réalité, plus que la vérité ; *citation 8* : on peut se couvrir de gloire par les mots ; *citations 9 et 10* : langue unique, qui éclaire, subtile, différente.

# Chapitre ❸ LES RÉGIONS

## – LA RÉGION NORD-PICARDIE P. 21

❶ *une région* carrefour... ; *une région en pleine...* ; *une des régions les plus* urbanisées ; *une région au* premier/mondial ; *l'agriculture est aussi une* grande... ; *la tradition* manufacturière...

❷ Logistique et transport routier – industrie du verre – grande distribution – commerce de la laine.

❸ *Arques :* verre domestique ; *La Redoute :* vente par correspondance ; *Auchan :* grande distribution ; *Boulangerie Paul :* industrie alimentaire.

❻ *éléments du bassin minier :* 120, 17, 21, 124, 3, 51 ; *projets, réalisations :* réhabilitation du patrimoine, tourisme, robotique.

## – LA NORMANDIE P. 23

❶ *enjeu :* conquête (cible) ; *cadre :* roman, peinture (décor) ; *symbole :* conflit (figure) ; *point de départ :* conquêtes (commencement).

❷ *terre de conquêtes :* Vikings et Anglais ont convoité et conquis la Normandie ; *pays de conquérants :* les Normands sont partis vers la Sicile, la Turquie, la Syrie, le Québec, l'Amérique du Mississippi, les Antilles ; *terre de patrimoine :* mémorial de la Deuxième guerre mondiale , cathédrales (Rouen), monastères (Mont Saint-Michel).

❸ Automobile, énergie, armement, activités portuaires.

## – LA BRETAGNE P. 25

❶ maritime, marin, port, naval, balnéaire.

❷ un territoire *unique* ; une région *riche et dynamique* ; une industrie agroalimentaire *performante* ; troisième région *touristique*.

❸ *Pays de terre :* agriculture, réserves ornithologiques, villes historiques – *Pays d'eau :* îles, petits ports, recherches océanographiques, paysages marins ; balnéothérapie.

❹ Pêche, tourisme, santé-bien être (balnéothérapie), recherches océanographiques.

❺ Industrie automobile, technologies de l'information et de la communication, grande distribution, cosmétique, tourisme.

## – LES PAYS DE LA LOIRE P. 27

❶ *paysages :* traverser, toucher, border ; *activités :* constituer, contribuer, dominer, s'appuyer, bénéficier, occuper, attirer, participer.

❷ contribuer *à la renommée* ; constituer *un marché* ; bénéficier *d'un contexte favorable*.

❸ *Atout économique :* grands ports, chantier naval, construction de bateaux de plaisance, pêche. – *Atout touristique :* les îles, parcs naturels, châteaux.

❹ 2e rang national pour l'agroalimentaire (élevage, légumes, fleurs) et la pêche.

❺ Plages, parcs naturels, patrimoine, sports de mer, sport automobile, festivals, les Machines de Nantes.

## – L'AQUITAINE P. 29

❶ *identité historique forte :* puissante ; *fameux pruneaux :* célèbres ; *capitale riche de son passé :* forte ; *vins les plus prestigieux :* renommés.

❷ Une économie d'exportation, peu concentrée, à forte valeur ajoutée.

❸ Produits à forte valeur ajoutée (huîtres, foie gras) et fortement exportatrice.

❹ Safran, Dassault, EADS (Airbus/aéronautique), Total (recherches pétrolières), Ariane (Industrie spatiale).

❺ Valorisation, réhabilitation et transformation de lieux patrimoniaux, création d'éco-quartiers, moyens de transports performants et priorité aux transports collectifs.

## – LE MIDI-PYRÉNÉES P. 31

❶ *regrouper :* cinq départements ; *compter :* les centres de recherches ; *concentrer :* l'activité économique de Toulouse ; *rassembler :* les grandes écoles.

❷ *pic :* sommet d'une montagne – *cirque :* amphithéâtre naturel en montagne de parois abrupts – *gorges :* vallée étroite et encaissée ; *cathédrale :* église épiscopale d'un diocèse (circonscription religieuse, Cathédrale Notre-Dame de Paris) – *basilique :* église qui a une importance particulière (Basilique du Sacré-Cœur, de Lourdes) ; *château :* résidence seigneuriale ou royale – *forteresse :* lieu fortifié pour défendre une ville, un territoire.

❸ *principales villes :* Toulouse et les principales villes préfectures (Foix, Rodez, Auch, Cahors, Tarbes, Albi, Montauban) ; *industrie :* aéronautique, aérospatiale, électronique ; *tourisme :* vert, culturel, sportif, religieux ; *agriculture :* vignobles ; *recherche :* centres de recherches et grandes écoles (ISAE-SUPAERO) ; *culture :* culture vivante (jazz, cinéma, peinture, opéra) et patrimoine architectural.

❹ Forte concentration de centres de recherches, écoles spécialisées, entreprises de haute technologie, ville d'innovation industrielle.

❺ *tourisme culturel :* opéra (Toulouse), jazz (Festival de Marciac), cinéma (Cinémathèque de Toulouse), peinture (musée Soulages à Rodez) ; *tourisme religieux :* basilique Saint-Just et cathédrale Saint-Bertrand de Comminges sur les chemins du pèlerinage de Saint-Jacques-de-Compostelle, cathédrale Sainte-Cécile d'Albi ; *tourisme sportif :* rugby (Stade toulousain) ; *tourisme vert :* patrimoine naturel (gorges du Tarn, Pic du Midi ; cirque de Gavarnie).

## – LE GRAND SUD P. 33

❶ *amphithéâtre :* Languedoc-Roussillon ; *frontière :* Méditerranée ; *arc de cercle :* Provence-Alpes-Côte d'Azur ; *satellite :* villes satellites autour de Montpellier, Marseille, Nice.

❷ Paysages et climat créent un environnement synonyme de qualité de vie, de douceur de vivre et d'esthétique.

❸ Plusieurs types de tourisme : tourisme de résidences secondaires et de loisirs de mer, tourisme de luxe, tourisme culturel de festivals, tourisme de patrimoine, tourisme vert.

❼ *informations concernant le MuCEM :* trois sites, 30 000 m², 800 000 œuvres, Rudy Ricciotti, passerelle aérienne de 115 m de long, 191 millions d'euros ; *dentelle :* un moucharabieh, une mantille espagnole, une résille ; *histoire de la Méditarranée :* une invention de la mer : le passage d'une mer hostile à une mer pacifiée.

## – LA CORSE P. 35

❶ *préserver* les paysages ; *abriter* un parc marin international ; *bénéficier :* la langue *bénéficie* d'un statut particulier ; *valoriser* les traditions ; *parier* sur une image de qualité et d'authenticité ; *choisir* le développement d'énergies propres.

❸ Préservation des paysages classés à l'UNESCO (golfe de Porto), la langue pratiquée au quotidien, la culture, les traditions, l'art de vivre.

❹ Vivre dans un environnement préservé, soucieux des traditions, de la culture et de la langue. Valorisation d'une proximité avec la nature à travers une agriculture de terroir.

❺ Une agriculture de terroir, de qualité, d'authenticité.

## – RHÔNE-ALPES P. 37

❶ *richesse :* 10 % de la *richesse* de la France ; *rayonnement* économique et culturel ; *réussite :* grâce à ses grandes métropoles et à leurs villes satellites.

❷ Carrefour européen, région la plus demandée chez les jeunes cadres et les jeunes diplômés, fait partie des quatre moteurs européens, étendue de son savoir-faire, modernité culturelle.

❹ *Institut Mérieux :* biologie ; *Crouzet :* aéronautique ; *Euronews :* médias ; *Angénieux :* optique ; *Casino :* distribution ; *Focal :* son.

❺ Invention du cinéma, grands festivals, design, art contemporain.

❻ Les grandes tables, la tradition des « mères », les produits.

❼ *Suggestions :* Bertrand Tavernier (cinéaste) ; Benjamin Biolay (chanteur-compositeur) ;

Maguy Marin (chorégraphe) ; Maurice et Michel Jarre (musiciens) ; Louise Labé (poétesse) ; Nathalie Dessay (chanteuse lyrique) ; Rachid Taha (chanteur) ; Roger Planchon (metteur en scène) ; Antoine de Saint-Exupéry, Frédéric Dard, Éric-Emmanuel Schmitt, Bernard Pivot (écrivains) ; Dominique Blanc (actrice) ; Karim Benzema (footballeur).

## – AUVERGNE ET LIMOUSIN P. 39

**❶** *verbes :* regrouper (population), compter (industries exportatrices) ; *adjectifs numéraux ordinaux :* deuxième (pneumatiques) ; *adjectifs de quantité :* important (secteur alimentaire) – grosses (difficultés, tradition artisanale) – deuxième (pneumatiques) ; *chiffres :* 80 (volcans), 30 à 40 % de la population.

**❷** *traditions artisanales :* Limousin (porcelaine, cuir, textile) – Auvergne (coutellerie, dentelle, parapluies).

**❸** Vulcania : parc à thèmes (tourisme) – connaissance de la terre (sciences).

**❹** Volvic, Danone, Bleu d'Auvergne, Fourme d'Ambert.

**❺** *Michelin :* entreprise fondée en 1889, célèbre par son logotype (*bibendum*), elle emploie 117 000 personnes dans le monde et elle est le second fabricant mondial de pneumatiques. Il est notamment l'inventeur du pneu démontable, de la carcasse radiale. Michelin est aussi célèbre pour ses guides touristiques et gastronomiques. Il est associé au sport automobile (Formule 1 et 24 heures du Mans) dont il a équipé les écuries gagnantes, aux rallyes, au sport motocycliste.

**❼** *28 :* hectares de vergers ; *8 :* durée du travail par jour ; *60/40 :* pourcentage export/marché intérieur ; *70 :* nombre de ramasseurs ; *100 000 :* tonnes de pommes ; *9 :* nombre de mois où la pomme est consommée.

## – LA BOURGOGNE-FRANCHE-COMTÉ P. 41

**❶** *prestigieux :* histoire, vignoble, noms de vins ; *commun :* destin des régions ; *ambitieux :* Maison de Bourgogne-Valois ; *grand :* pôles urbains ; *architectural :* richesses.

**❷** Région carrefour, son histoire, son tissu industriel, sa richesse architecturale.

**❸** Grands groupes industriels mondialement connus : Peugeot-Citroën, Alstom, Areva, SEB, industries alimentaires (Maille, Amora, Bel (Vache qui rit, Boursin, BabyBel....), grands crus de vin de Bourgogne.

**❹** *nucléaire :* Areva ; *agroalimentaire :* Bel ; *construction automobile :* Peugeot-Citroën ; *matériel électrique et ferroviaire :* Alstom ; *petit équipement domestique :* SEB.

## – L'ALSACE ET LA LORRAINE P. 43

**❶** *crise :* industrielle de Lorraine ; *conflit :* trois guerres (1870-1871,1914-1918, 1939-1945) ; *mémoire :* lieux de mémoire (Verdun, Douaumont, Domrémy (Jeanne d'Arc) ; *enjeu :* territorial entre la France et l'Allemagne ; *particularité :* jours fériés, système d'assurance, relation Église-État hérités de l'occupation allemande (1871-1918).

**❷** *patrimoine :* Cathédrale de Strasbourg, Ossuaire de Douaumont, Verdun, Domrémy – *institutionnel :* rapport Église/État, régime d'assurances – *symbolique :* Conseil de l'Europe, Parlement européen (pour la Paix) – *quotidien :* jours fériés.

**❸** *industries en commun :* construction mécanique (automobile), industrie du luxe, agro industrie ; *spécificités :* Lorraine : bois, papier, énergie électrique – Alsace : aérospatial, construction ferroviaire.

**❹** Pays-Bas / FLandre / Wallonie / Luxembourg / Rhénanie Westphalie / Bade Wurtemberg / Alsace-Lorraine / Pays de Bâle.

## – LA CHAMPAGNE-ARDENNE P. 45

**❶** *sacre :* cérémonie par laquelle l'Église consacre un souverain : Sacre des Rois de France à Reims ; *mémorial :* monument commémoratif : Croix de Lorraine, symbole de la France libre ; *destin :* sort spécial réservé à une collectivité humaine : Rocroy, Valmy, la Marne ; *mythologie :* ici au sens de fiction, d'imaginaire (Reims, De Gaulle, Rimbaud) ; *cru :* désigne un vignoble, un terroir : 300 crus de champagne.

**❷** C'est là que, par trois fois (sous la Royauté, la Révolution et la République), s'est joué le destin de la France, de son intégrité territoriale.

**❸** Deuxième région agricole française (céréales, colza, betteraves industrielles, pommes de terre, luzerne), viticulture avec le champagne.

**❹** La surface du vignoble (30 000 hectares), le nombre de crus (300), les grandes maisons célèbres dans le monde entier, l'imaginaire du champagne associé au cinéma.

## – L'ÎLE-DE-FRANCE P. 47

**❶** *immense (ensemble)*, grosse (agglomération d'Europe), énorme (poids économique), ajouté (industrie à haute valeur ajoutée), haut (rendement), principal (centre intellectuel, culturel, scientifique), grand (écoles, institutions culturelles, réseaux de radio publique), première (destination touristique au monde).

**❷**

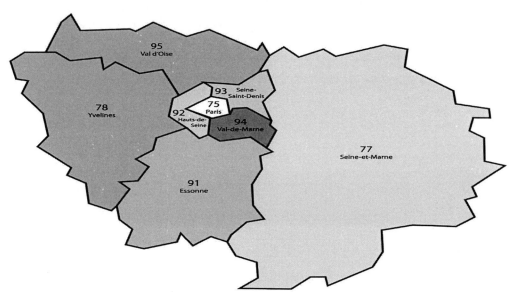

*Préfectures :* 92 → Nanterre ; 93 → Bobigny ; 94 → Créteil ; 78 → Versailles ; 77 → Melun ; 95 → Pontoise ; 91 → Evry.

**❸** *démographie :* 12 millions ; *transports :* 850 km d'autoroutes,16 lignes de métro, 5 lignes de RER, 3 aéroports, 700 km de voies d'eau ; *puissance économique :* 650 milliards de PIB ; *puissance financière :* 400 institutions financières, 4e place bancaire mondiale.

**❹** Industrie des services, industrie à haute valeur ajoutée, principal centre culturel, intellectuel et scientifique, agriculture à haut rendement.

**❺** Grandes écoles, laboratoires, institutions culturelles, presse nationale, grands médias.

**❻** *Banlieue :* désigne la ceinture urbaine distincte de la ville-centre. On distingue la proche banlieue et la grande banlieue. Le mot qui date du 12e siècle, positif jusqu'au 19e siècle où il désigne simplement un lieu intégré sous le commandement d'un seigneur d'abord puis d'une municipalité, change de perception et devient chargé d'un sens négatif : « *on est laid à Nanterre, on est bête à Palaiseau* » chante Gavroche dans *Les Misérables*... Banlieue donne aussi le terme de *banlieusard*, discrimination par rapport à celui qui habite à Paris. Banlieue est associée, à partir des années 1960, à de grands ensembles puis, à partir des années 1980, au chômage et à l'immigration, à des problèmes, révoltes et insécurité... Mais il faut distinguer banlieue chic, bourgeoise, et la banlieue populaire associée à « quartiers sensibles ». La banlieue a donné naissance à tout un imaginaire littéraire (de Hector Malot à Prévert et aux écrivains francophones (Calixte Beyala) et cinématographique (Tati, Godard, Brisseau, Pirès, Kassowitz, Richet, Dridi, Gilou, Allouache, Ameur-Zaïmeche, Bensalah, Julien-Laferrière).

## – LA FRANCE D'OUTRE-MER P. 49

**❶** *éloigné* : territoires ; *maritime* : surface maritime ; *inhabité* : Terres d'outre-mer ; *seul* : Clipperton, seul lagon d'eau douce ; *supérieur* : niveau de développement nettement supérieur.

**❷** *120 000* : km² (territoire) ; *10* : millions de km² ; *2,7* : millions d'habitants ; *19 000* : kilomètres, distance la plus longue entre la France et la Nouvelle-Calédonie.

**❹** Issus des anciens empires coloniaux français, très éloignés de la France, des îles (sauf la Guyane), niveau de vie supérieur à celui des pays voisins, participent à la dynamique culturelle de la Francophonie.

**❺** *Suggestions* : La Pérouse, Bougainville, Dumont d'Urville, Coustaud, Gauguin.

# Chapitre ❹ PARIS

## – HISTOIRE P. 51

**❶** *protéger* : Sainte Geneviève, Eudes, Philippe Auguste, Charles V, Louis XVI, les Révolutionnaires, Thiers ; *transformer* : tous les rois ; *faire construire* : les rois ; *devoir* : Napoléon III, Haussmann ; *vouloir* : Chirac ; *construire* : Philippe Auguste, Charles V, Louis XVI, Les Révolutionnaires ; *ouvrir* : les rois ; *faire réaliser* : les rois, la IVᵉ République ; *créer* : la IIIᵉ République ; *inaugurer* : Mitterrand, Hollande.

**❷** Nombreuses perspectives, des bâtiments prestigieux, de grands programmes immobiliers.

**❸** *Exemples :* le Paris des places, le Paris des musées, le Paris des Palais, le Paris de la Défense, le Paris des grandes perspectives (Champs-Élysées, Étoile, Champ de Mars, Invalides).

**❺** *chiffres :* 1,9 millions, 70 %, 38 000, 6 000, 2 300, 48 ; *métiers :* conservateurs, installateurs, doreurs, encadreurs, socleurs, architectes, scénographes, agents d'accueil, médiateurs, jardiniers, pompiers, surveillants, administratifs ; *Le Louvre, la nuit :* les espaces sont fermés, tournages, vernissages, visites de mécènes.

## – QUARTIERS P. 53

**❶** *commerces de luxe :* Place Vendôme, Faubourg Saint-Honoré, Avenue Montaigne ; *vie religieuse :* île de la Cité ; *affaires, commerces et loisirs :* grands boulevards ; *activité juridique :* île de la Cité ; *activité intellectuelle :* Quartier Latin.

**❷** Fonction intellectuelle, juridique, religieuse, commerciale, financière.

**❸** *Place Vendôme, Avenue Montaigne :* luxe ; *Quartier Latin, Saint-Germain des Prés :* vie intellectuelle et culturelle ; *Grands boulevards :* loisirs et commerce ; *Quais de Seine, l'île de la Cité :* tourisme et flânerie ; *Les Champs-Élysées :* shopping et balade.

**❹** Économie numérique, mode, culture, médias, événementiel.

## – FONCTIONS P. 55

**❶** *fonction politique :* Élysée, Matignon, Sénat, Assemblée nationale ; *fonction religieuse :* Notre-Dame ; *fonction touristique :* Sacré-Cœur, tour Eiffel, Champs-Elysées, Montparnasse ; *fonction économique, financière et commerciale :* grands magasins, Bourse, Palais des Congrès, La Défense, les Halles, Bercy ; *fonction internationale :* UNESCO ; *fonction intellectuelle :* Sorbonne, BNF, grandes écoles, Institut Pasteur, Collège de France ; *fonction culturelle :* Opéra, Centre Pompidou, Opéra Bastille, Louvre, Grand Palais.

**❷** La plus grande aire urbaine d'Europe, réunit toutes les fonctions politique, financière, boursière, technologique, culturelle, intellectuelle, internationale.

**❸** Attractivité touristique, hub aéroportuaire, grands salons mondiaux, grands centres de décision industriels.

**❹** le plus grand quartier d'affaires d'Europe, 2ᵉ rang mondial pour l'accueil des centres de décision, centre de décision des grands leaders français.

**❺** Les grands musées, les grandes institutions culturelles.

## – PARIS ET LA BANLIEUE P. 57

**❶** *symbole* : relégation sociale ; *synonyme* : grands ensembles ; *dynamisme* : à l'écoute de la modernité ; *aisée* : population ; *sensibles* : communes ; *protégées* : zones résidentielles ; *pavillonnaires* : zones ; *populaires* : quartiers.

**❷** Maisons ouvrières, résidence bourgeoise – grands ensembles confortables –déficit d'intégration sociale – dynamisme, bouillonnement culturel, modernité.

**❸** Zone de villes moyennes, grands ensembles, zones pavillonnaires.

**❹** Échec social, peur et haine du jeune de banlieue / modernité, bouillonnement culturel, réussite individuelle, vie en communauté.

# REPÈRES / HISTOIRE

# Chapitre ❺ L'ÉTAT-NATION

## – DATES ET FAITS P. 59

**❶** *actes de résistance* : résistance des Gaulois, de Jeanne d'Arc, des Révolutionnaires à Valmy, de la Commune de Paris, contre l'Allemagne nazi ; *défaites* : conquête romaine de la Gaule, Waterloo, contre la Prusse, contre l'Allemagne nazi ; *actes de rupture* : Clovis, Jeanne d'Arc, l'Édit de Nantes, la Révolution française, la gauche au pouvoir ; *influences* : civilisation romaine, le choix de la chrétienté, la Renaissance italienne ; *désastres* : la guerre de Cent ans, les guerres de religion, la fin de l'empire napoléonien, la défaite contre la Prusse et contre l'Allemagne nazi ; *temps de construction* : Charlemagne, Hugues Capet, François 1ᵉʳ, le siècle de Louis XIV, la Révolution française et Napoléon, Napoléon III, la IIIᵉ et la Vᵉ Républiques.

**❷** Hugues Capet, François 1ᵉʳ, Louis XIV, la Révolution française, Napoléon 1ᵉʳ, la Vᵉ République du Général de Gaulle.

**❸** La Guerre de Cent ans, les Guerres de religion, la Terreur sous la Révolution française, la Commune de Paris, la collaboration et la Résistance pendant la Seconde Guerre mondiale, la guerre d'Algérie.

**❹** *Influences* : civilisation romaine, le choix de la chrétienté, la Renaissance italienne – *ennemis* : l'Anglais à partir de Jeanne d'Arc, l'Allemand à partir de la défaite contre la Prusse et l'occupation de l'Alsace–Lorraine.

**❺** *L'histoire dessinée* : dix siècles d'une construction continue de l'État et de la Nation, une alternance de moments éclatants, de bouleversements fondamentaux et de défaites retentissantes, une unité profonde irrévocable, une volonté raisonnée de vivre ensemble et une suite continue de guerres civiles.

## – PERSONNAGES P. 61

**❶** *visionnaire* : capable d'anticiper, qui a une vision de l'avenir. Un art visionnaire ; *résistant* : qui tient tête à une force contraire et triomphe à force de volonté. Un milieu résistant ; *gestionnaire* : administrateur. Une attitude gestionnaire ; *bâtisseur* : qui construit, qui entreprend, qui crée. Un esprit bâtisseur.

**❷**     *au début du IX<sup>e</sup> siècle :* Charlemagne ; *au début du XIX<sup>e</sup> siècle :* Napoléon ; *après la Première Guerre mondiale :* Aristide Briand ; *après la Seconde Guerre mondiale :* Jean Monnet.

**❸**     Laisser une trace à travers les monuments qu'ils ont bâtis, l'urbanisme qu'ils ont dessiné ou modifié, les travaux qu'ils ont initiés.

**❹**     *Les trois résistants sont :* Vercingétorix, Jeanne d'Arc et De Gaulle.

**❻**     *engagement européen :* la guerre de 1939-1945 et les camps – *combat pour les femmes :* loi qui légalise le recours à l'avortement ; *épée :* la devise de la France : Liberté, Égalité, Fraternité.

## – VALEURS P. 63

**❶**     *1871 :* La République est le régime de gouvernement de la France ; *1940-1944 :* Occupation allemande et État français de Vichy ; *1789 :* Déclaration des droits de l'homme et du citoyen ; *1789-1968 :* trois révolutions, cinq républiques, deux empires, une monarchie constitutionnelle, un régime d'exception.

**❷**     La nation française est une volonté, la volonté d'hommes et femmes venus de peuples, de langues, de traditions différentes qui ont choisi d'abandonner leurs particularités pour se fondre librement dans une identité plus vaste. « Un miracle permanent et constamment renouvelé » disait Renan.

**❸**     L'article 1<sup>er</sup> postule la liberté et l'égalité de tous les citoyens sans distinction de classe sociale. L'article 6 reconnaît l'égalité de tous les citoyens devant la loi qui exprime la volonté générale du peuple. C'est le principe même de la démocratie. L'article 6 déclare aussi l'égalité de tous les citoyens devant le travail selon son seul mérite.

**❹**     En deux siècles, la France a connu trois révolutions et quatre types de régime politique différents : république, monarchie constitutionnelle, empire, régime de collaboration et d'exception.

**❺**     Les Français sont à la fois UN (ils participent à un même destin) et multiples (chacun a une conscience aiguë de sa singularité) : il est très compliqué de faire coïncider la volonté générale et les volontés particulières. C'est pour cette raison que le Général De Gaulle ne parlait jamais des Français mais toujours de La France dans laquelle ils s'incarnent collectivement et qui est au-dessus des volontés individuelles.

# Chapitre ❻ POINTS DE REPÈRES

## – 1789 ET LA RÉVOLUTION FRANÇAISE P. 65

**❶**     *14 juillet 1789 :* Prise de la Bastille ; *14 juillet 1790 :* Fête de la Fédération, symbole de l'unité nationale ; *21 janvier 1793 :* exécution de Louis XVI ; *26 août 1789 :* Déclaration des droits de l'homme et du citoyen ; *20 septembre 1792 :* victoire de Valmy ; *18 brumaire 1799 :* coup d'État de Bonaparte.

**❷**     *Prise de la Bastille :* la fin de l'arbitraire du pouvoir ; *Déclaration des droits de l'homme et du citoyen :* l'universalité des droits ; *Victoire de Valmy :* la victoire du peuple en armes et de la Révolution sur les monarchies ; *Exécution de Louis XVI :* la fin de la monarchie ; *Campagnes d'Italie :* l'émergence d'une jeune génération de chefs militaires et la défaite des armées des monarchies européennes ; *Coup d'État du 18 brumaire :* la fin de la Révolution.

**❸**     *participation à la guerre d'indépendance américaine :* La Fayette ; *prêtre qui fait voter l'abolition de l'esclavage :* l'Abbé Grégoire ; *personnages qui ont joué un rôle déterminant pendant la Terreur :* Danton, Saint-Just et Robespierre ; *participation au coup d'état du 18 brumaire 1799 :* Bonaparte.

**❹**     La devise de la France, le drapeau bleu, blanc, rouge, l'hymne national : *La Marseillaise.*

**❺**     Par la création des départements.

## – MAI 1968 ET L'ESPRIT DE MAI P. 67

**❶** *connaître :* un sociodrame unique dans l'histoire contemporaine ; *entraîner :* la classe ouvrière dans un mouvement de grève générale de cinq semaines ; *prendre et imposer :* les générations du baby boum vont prendre le pouvoir et imposer leurs modes de pensée, d'être et leurs références ; *se transformer :* comment un mouvement étudiant va se transformer en une révolte anti autoritaire, sociale, politique et culturelle ; *émerger et structurer :* un certain nombre de thèmes ont émergé qui ont structuré le débat public jusqu'en 1981 : l'autogestion, l'anti autoritarisme, l'écologie politique, la libération des femmes, la décentralisation, le retour à la terre, le réveil des cultures régionales, le relativisme culturel.

**❷** Comment un mouvement étudiant va avoir des conséquences politique, sociale, culturelle inattendues.

**❸** *images politiques :* le défilé populaire du 13 mai, le voyage secret du Général de Gaulle, le contre défilé gaulliste ; *images culturelles :* l'occupation de la Sorbonne, J. P. Sartre en grand témoin, le festival de Cannes annulé ; *images sociales :* les usines occupées ; *images protestataires :* les barricades, Cohn-Bendit dans le rôle de Gavroche face aux CRS.

**❹** L'émergence de la génération du baby boum qui va s'imposer politiquement, économiquement et culturellement.

## – LA FRANCE DES ENTRE-DEUX-GUERRES P. 69

**❶** Entre 1875 et 1914 : *l'esprit de revanche contre l'Allemagne* ; Crise de 1929 : *une crise de confiance économique et politique ;* 1940-1945 : *de l'humiliation de la défaite à la résistance victorieuse ;* la guerre de 1914-1918 : *la France victorieuse mais dans un état effrayant.*

**❷** Une politique extérieure conquérante et la constitution d'un immense empire colonial, l'investissement dans l'éducation (école obligatoire), la recherche, la naissance d'un grand capitalisme industriel et le choix de l'innovation.

**❸** La France connaît l'occupation de tout son territoire, le pillage de ses ressources, la collaboration et la guerre civile.

**❹** *Suggestions :* films : *Le Corbeau* ; *L'armée des ombres* ; *Lacombe Lucien* ; *L'affiche rouge* ; *Paris brûle-t-il ?* Une série télé : *Un village français.* Livres : *Un sac de billes* ; *Suite française* ; *Mon village à l'heure allemande* ; *Le silence de la mer* ; *La passante du sans-souci* ; *Le bataillon du ciel* ; *Le sang des autres* ; *Drôle de jeu, La Douleur.* Chansons : *Le chant des partisans* (Montand) ; *Douce France* (Trenet) ; *Fleur de Paris* (Maurice Chevalier) *Nuit et Brouillard* (Ferrat) ; *L'affiche rouge* (Ferré) ; *J'attendrai* (Rina Ketty). Poèmes : Éluard (*Poésie et vérité* (*Liberté*), *Au rendez-vous allemand*) ; Aragon (*La Rose et le Réséda, Le Crève-cœur, La Diane française*) ; Desnos (*Ce cœur qui haïssait la guerre, Le veilleur du Pont-au-Change, Demain*) ; Char (*Feuillets d'Hypnos*).

**❻** *Pierre Brossolette :* journaliste ; *Germaine Tillion :* ethnologue ; *Jean Zay :* ministre du Front populaire ; *Geneviève de Gaulle-Anthonioz :* fondatrice d'ATD Quart-Monde.
Résistants qui subissent l'extrême : torture, assassinat, déportation.
L'esprit et le devoir de résistance et de vigilance.

## – DE L'EMPIRE COLONIAL À LA DÉCOLONISATION P. 71

**❶** *1870 :* défaite contre la Prusse ; *1944 :* Conférence de Brazzaville ; *1954 :* accords de Genève qui mettent fin à la guerre d'Indochine ; *1956 :* Loi Deferre et indépendance du Maroc et de la Tunisie ; *1959-1962 :* indépendance des pays africains ; *1962 :* accords d'Évian et indépendance de l'Algérie.

**❷** Rendre sa puissance politique à la France, s'assurer un approvisionnement en matières premières et de nouveaux marchés, établir un réseau de bases navales dans le monde entier.

**❸** Afrique (Sénégal, Côte d'Ivoire, Burkina Faso, Guinée, Congo Brazzaville, Cameroun, Gabon, République Centre africaine) – Maghreb (Algérie, Maroc, Tunisie) – Moyen-Orient (Liban, Syrie) – Océan Indien (Madagascar) – Asie (Indochine) – Océan Pacifique (Nouvelle-Calédonie, Polynésie).

**❹** « Porter partout sa langue, ses mœurs, son drapeau, ses armes et son génie. »

**❺** Engagement contre le Vietminh communiste en Indochine – satisfaire et répondre à la pression des populations européennes opposées à l'indépendance et ne pas permettre une remise en cause du cadre institutionnel (départementalisation de l'Algérie).

**❻** *Suggestions* : Senghor, Habib Bourguiba, Ben Bella, Houphouët-Boigny, Ho Chi Minh.

## – LA FRANCE D'AUJOURD'HUI P. 73

**❶** *vote d'une nouvelle Constitution :* Général de Gaulle ; *mise en œuvre d'une grande politique industrielle :* Georges Pompidou ; *politique de grands travaux :* François Mitterrand ; *cohabitation entre droite et gauche :* François Mitterrand et Jacques Chirac.

**❷** *La République :* une et indivisible, laïque, démocratique et sociale ; *principe de l'égalité :* égalité devant la loi sans distinction d'origine, de race ou de religion ; *principe de la laïcité :* respect de toutes les croyances ; *symboles de la République :* le drapeau tricolore, *la Marseillaise*, la devise : *Liberté, égalité, Fraternité* ; *identité :* la langue de la République est le français ; *démocratie :* gouvernement du peuple par le peuple et pour le peuple.

**❸** Accession de la gauche au pouvoir.

**❹** Mondialisation libérale et financière, crise identitaire, doutes sur la construction européenne, tentations de repli sur soi.

**❺** *Différentes figures féminines choisies pour représenter Marianne :* actrices : Brigitte Bardot (la plus représentée dans les mairies), Michèle Morgan, Catherine Deneuve, Sophie Marceau ; *chanteuse :* Mireille Mathieu ; *mannequins :* Inès de la Fressange, Laetitia Casta.

# REPÈRES / POLITIQUE

# Chapitre ❼ VIE POLITIQUE

## – L'ORGANISATION DES POUVOIRS P. 75

**❶** *quinquennat :* durée du mandat de cinq ans du Président de la République ; *suffrage universel :* tous les Français âgés de 18 ans et plus ont le droit de voter ; *suffrage indirect :* seule une partie du corps électoral participe à l'élection des représentants (Sénat) ; *référendum :* loi soumise directement à l'approbation du peuple sans passer par le vote des assemblées ; *dissoudre :* le Président de la République a le droit constitutionnel de mettre un terme en cas de désaccord sur sa politique ou pour donner une nouvelle impulsion à sa politique au mandat de l'assemblée nationale ; *promulguer :* la loi ne peut faire l'objet de décret d'applications qu'à partir du moment où elle a été signée par le Président de la République et qu'elle paraît au Journal Officiel.

**❷** Le président de la République et les députés sont élus au suffrage universel.

**❸** L'élection du Président au suffrage universel, son pouvoir de dissolution, ses pouvoirs de chef des armées et de responsable de la politique extérieure, les pleins pouvoirs en cas de crise donnent à la Ve République son caractère de régime présidentiel.

**❹** Une seule session parlementaire qui dure 9 mois.

**❺** *le Conseil constitutionnel :* veille à la conformité des Lois avec la Constitution ; *le Conseil d'État :* donne un avis préliminaire sur les textes des projets de loi et de décrets du gouvernement. Il constitue la juridiction suprême en matière administrative lorsqu'un citoyen dépose une plainte contre une administration, par exemple ; *la Cour des Comptes :* veille à la bonne utilisation et gestion de l'argent public par les administrations et les établissements publics.

## – LES PARTIS POLITIQUES P. 77

**❶** *populiste :* thèmes identitaires, anti européens, anti immigration ; *écologiste :* respect de l'environnement, transparence démocratique, progressisme sur les questions de société ; *antimondialiste :* contre les traités économiques de libre circulation des marchandises ; *libérale :* pour une société économiquement ouverte, qui a confiance dans les lois du marché et qui responsabilise les individus ; *européenne :* croit à la construction européenne comme garante de paix, de progrès économique et social, comme réponse à la mondialisation et à la nécessité d'avoir une taille critique face à la Chine, l'Inde ou les États-Unis ; *planificatrice :* place l'État au centre de la stratégie économique du Pays.

**❷** La décomposition des forces de droite et de gauche s'explique par l'incapacité des deux blocs à incarner une ligne politique unique, capable de conduire les changements rendus nécessaires pour adapter le Pays aux défis de la mondialisation.

**❸** *La République en Marche* représente une synthèse entre un modèle économique libéral et un modèle social de solidarités. Il affiche une volonté réformatrice et une sensibilité européenne.

**❹** Le PS est devenu le lieu d'une véritable concurrence entre des courants qui veulent prendre le contrôle du parti. On distingue un courant social écologique, nationaliste et planificateur, européen et libéral.

**❺** Le succès auprès des opinions publiques des thèmes anti européens, anti mondialistes et anti libéraux pour les mouvements populistes de droite comme de gauche auxquels il faut ajouter le thème anti immigration de la droite populiste.

## – LES RITUELS POLITIQUES P. 79

**❶** *passionner :* l'élection présidentielle ; *mobiliser :* l'élection des maires ; *imposer :* la cohabitation ; *subir :* les hommes politiques subissent le rejet de l'opinion publique.

**❷** Il y a des coups de théâtre, des rebondissements.

**❸** Les maires règlent les problèmes de vie quotidienne, de cadre de vie et de proximité dans un esprit d'intérêt général.

**❹** À travers la presse, la télévision, les émissions de débats, le choix de la dérision. Les réseaux sociaux apportent immédiateté dans la réaction, continuité dans le lien, proximité et efficacité dans la communication.

**❺** Les Français sont un peuple politique parce qu'ils adorent le débat, croient aux idéologies, privilégient la protestation et l'affrontement, préfèrent le changement radical à la réforme. Mais ils forment un rejet contre la classe politique incapable, selon eux, de tenir leurs promesses électorales de changement, de faire et d'imposer les réformes dont le pays a besoin.

**❼** *traumatisme pour les sondeurs :* l'incapacité à prévoir en 2002 la qualification de JM Le Pen au second tour de l'élection présidentielle ; *évolution dans les méthodes des sondeurs :* les sondeurs publient leurs marges d'erreur, donnent des précisions sur les échantillons et utilisent la technique du redressement ; *effet de l'enquête d'opinion :* elle donne à l'électeur l'occasion de se voir comme dans un miracle, elle lui fournit les informations qui vont guider sa stratégie de choix pour conforter le candidat (si c'est son choix) qui a le plus de chance d'arriver en tête.

# Chapitre ❽ L'ÉTAT ET LES RÉGIONS

## – L'ORGANISATION ADMINISTRATIVE P. 81

**❶** *chiffres : 5,3 millions :* nombre de fonctionnaires ; *1,9 million :* nombre de fonctionnaires de la fonction publique territoriale ; *2,4 millions :* ...de la fonction publique d'État ; *1,1 million :* ...de la fonction publique hospitalière. – *pourcentages : 21 % :* du total de l'emploi en France ; *74 % :* des Français les trouvent compétents ; *80 % :* ont un avis positif sur les services de santé ; *76 % :* trouvent les fonctionnaires indispensables ; *59 % :* compétents ; *14 % :* ont changé d'avis sur l'éducation nationale qui ne recueille plus que 63 %.

❷ Passion pour les emplois publics synonymes de sécurité, progression régulière des salaires et de retraite assurée.

❸ Une image paradoxale : puissante, indispensable, compétente, efficace mais aussi complexe, lointaine, exigeante, trop lente, trop nombreuse, peu rentable, corporatiste et égoïste.

❹ Une administration centrale concentrée autour des ministères et de leurs grandes directions, des préfectures de région, de département, des sous-préfectures qui représentent le pouvoir central, agissent et contrôlent en son nom.

❺ Un EPIC est une personne morale de droit public ayant pour but la gestion d'une activité de service public de nature industrielle et commerciale. Ils assurent un service qui pourrait être exercé par une société privée mais qui selon les partisans d'un interventionnisme de l'État ne pourrait pas être fait correctement car il serait soumis à la concurrence. La RATP, la SNCF sont des EPIC.

## – LE POUVOIR DES RÉGIONS P. 83

❶ *1968 :* impulsion d'une régionalisation par le Général De Gaulle ; *1972 :* création de 22 régions ; *1982 :* lois de 1982 qui leur donnent de vrais pouvoirs ; *2015 :* nouvelle carte des régions qui crée 13 régions puissances.

❷ Routes, écoles, équipements culturels, développement économique, relations interrégionales et internationales, fiscalité.

❸ Volonté de créer des régions puissances, conforter les atouts de chacune des régions : rôle moteur européen de l'Île-de-France, européen de la région Auvergne-Rhône-Alpes ; conforter les pôles d'excellence (Provence-Alpes-Côte d'Azur, Occitan, Bretagne), continuer à faire progresser des traditions industrielles (Bourgogne-Franche-Comté ; Centre-Val-de-Loire), ren-forcer la dynamique agricole (Nouvelle-Aquitaine, Normandie, Bretagne).

## – L'ÉTAT EN CRISE P. 85

❶ *intervient* dans tous les moments de la vie des citoyens ; *doit tenir compte* du rôle joué par l'Union européenne, la Banque européenne, la Cour européenne de justice ; *transfère* massi-vement des compétences aux régions ; *prélève* 45 % des revenus des Français.

❷ *nourrit :* Ministère de l'agriculture et de l'alimentation ; *enseigne :* Ministère de l'éducation nationale et Ministère de l'enseignement Supérieur et de la Recherche ; *transporte, loge, éclaire, chauffe :* Ministère de la transition écologique et solidaire ; *relie :* Ministère de la cohésion des territoires et des relations avec les collectivités territoriales ; *soigne :* Ministère des solidarités et de la santé ; *défend :* Ministère des armées.

❸ Les régions bénéficient de la clause de compétence générale qui leur permet d'intervenir dans la plupart des secteurs de la vie économique et sociale ; l'Europe impose de plus en plus des cadres d'action avec ses directives, ses programmes, son droit qui prime sur le droit national.

❻ *Coluche :* « C'est pas parce qu'on est pauvre qu'on doit mal manger » ; *1 000* centres ouverts toute l'année ; *une centaine* d'endroits des Restos du cœur pour les sans-abris ; *souci des Restos du cœur en matière de qualité de repas :* chaque panier repas distribué est un panier repas équilibré ; *en quoi ils se substituent au rôle de l'État :* « on sait ce qu'il faut faire, donc on le fait ».

# Chapitre **❾** LE CHOIX DE L'EUROPE

## – LA CONTRUCTION EUROPÉENNE P. 87

**❶** *1951 :* création de la communauté européenne du charbon et de l'acier ; *1957 :* Traité de Rome qui crée la Communauté économique européenne ; *1963 :* signature du traité de coopération franco-allemand ; *1992 :* Traité de Maastricht qui crée l'Union européenne ; *2004 :* grand élargissement ; *2007 :* Traité de Lisbonne qui dote l'Union d'une personnalité juridique unique.

**❷** Le Parlement européen qui investit et contrôle la Commission et qui vote le budget et les lois ; La Commission qui prépare et met en œuvre les directives ; le Conseil des chefs d'État et de gouvernement qui est l'autorité souveraine de décision.

**❸** Le Conseil décide ; la Commission et ses commissaires proposent et mettent en œuvre les orientations ; le Parlement vote et contrôle.

**❹** La mise en commun des ressources, le développement industriel, commercial et agricole grâce au marché commun puis unique, la mise en place d'une monnaie unique.

**❺** Il paie avec la même monnaie, il a un passeport européen avec lequel il voyage dans le monde entier, il peut circuler librement dans un espace sans frontières, il trouve partout et sur de nombreux documents un drapeau qui matérialise son appartenance à l'espace européen, il est dans de nombreux domaines soumis aux mêmes lois que tous les européens.

**❻** Il symbolise la réconciliation franco-allemande après un siècle de conflits dont deux guerres mondiales, il a permis de créer une dynamique européenne autour du couple franco-allemand.

## – L'AVENIR EUROPÉEN P. 89

**❶** *unique :* marché unique ; *puissance :* Europe puissante ; *libre :* zone de libre échange ; *intégration :* volonté d'intégration et limites de l'intégration.

**❷** *marché unique :* espace de libre circulation des hommes, des marchandises, des capitaux et des services ; *monnaie unique :* l'euro est la monnaie commune pour tous les échanges et les paiements de 300 millions d'européens. Elle crée un attachement à un autre système de représentations que celui de la monnaie nationale ; *espace Schengen :* zone unique de libre circulation sans frontières intérieures ; *Cour européenne de justice :* espace juridique commun dans lequel le droit européen, quand il existe, prévaut sur le droit national : tout citoyen européen peut disposer un recours devant la Cour européenne de justice.

**❸** Airbus et Ariane sont les deux symboles de la réussite industrielle européenne mais l'Europe possède aussi de grands groupes industriels qui sont des champions mondiaux (automobile, industrie pétrolière, banque, services, assurance, pharmacie, agroalimentaire, édition, médias).

**❹** Les modalités d'organisation, d'intégration et de prise de décision (règle de l'unanimité).

**❺** Intégration économique, budgétaire, fiscale et monétaire ; sécurité intérieure et extérieure ; nature de l'Union (question posée par le Brexit).

# Chapitre **❿** LA FRANCOPHONIE

## – UNE LANGUE EN PARTAGE P. 91

**❶** outil merveilleux ; langue d'expression de l'identité et des conflits d'identité ; véhicule qui permet d'accéder à la modernité ; langue de la liberté ; langue du non alignement ; langue maternelle, officielle, d'enseignement, étrangère.

**❷** Ils ont compris que la langue française pouvait être un puissant moyen politique de modernisation, de contestation, de rencontre et de non alignement.

**❸** Sens linguistique (qui parle français) ; spirituel et politique (sentiment d'appartenance à une même communauté de valeurs) ; institutionnel (organisation de concertation et de coopération et associations).

**❹** La *négritude* (appartenance à la race noire et à ses valeurs) fait corps avec la chaleur de la terre et du ciel et n'adopte pas une attitude résignée face aux malheurs qui l'accablent. Elle ne s'apparente ni à un désert ni à des architectures monumentales.

**❺** Non, il peut être langue maternelle, officielle, d'enseignement ou étrangère.

**❻** Un ensemble en devenir démographiquement (870 millions) et économiquement (20 % des échanges mondiaux) et important linguistiquement (5ᵉ langue mondiale). Un ensemble diversifié géographiquement (il s'étend sur cinq continents), linguistiquement (avec différents statuts pour le français), politiquement (avec des pays adhérents ou observateurs) et économiquement. Un ensemble fortement présent en matière d'enseignement (2ᵉ langue étrangère apprise) et d'utilisateurs sur les réseaux sociaux (4ᵉ rang mondial).

## – UN PARI POLITIQUE ET CULTUREL P. 93

**❶** *1986 :* naissance de l'espace francophone ; *1997 :* charte de la Francophonie ; *2016 :* Sommet de Madagascar.

**❷** Par son poids (57 pays membres et 20 pays observateurs) ; par sa structuration autour de l'Organisation internationale de la Francophonie qui représente l'ensemble des Pays et par son souci identitaire autour de la langue française .

**❸** Son inscription dans le cadre du dialogue Nord-Sud ; la mise en œuvre de mécanismes de solidarité, de coopération et de résolution des conflits.

**❹** Préoccupation écologique (déforestation, eau) ; diversité culturelle et dialogue des cultures (résolution de l'UNESCO) ; protection de la femme et de l'enfant ; réseaux et industries numériques.

**❺** Une structure multilatérale, l'Organisation internationale de la Francophonie qui regroupe l'ensemble des institutions universitaires, associations politiques et médias télévisuels qui participent à la promotion de la Francophonie et qui associe le monde associatif et la société civile à son action.

## – UNE CULTURE ET UNE LANGUE QUI BOUGENT P. 95

**❶** *question de l'identité :* la Caraïbe ; *réalités du continent africain :* l'Afrique noire ; *désillution, désenchantement... :* le Maghreb.

**❷** Richesse de l'imaginaire et de la langue ; son, rythme, déclamation des rappeurs et des slameurs ; diversité du cinéma francophone de tous les horizons qui impose d'autres manières de filmer et de raconter ; mode vestimentaire, objets du quotidien, modes alimentaires s'imposent au quotidien.

**❻** *tics d'expression :* c'est clair, improbable, c'est que du bonheur, rebondir, décalé ; *justouille :* c'est juste ; *ducoupette :* du coup ; *toutafiole :* tout à fait ; *personnes atteintes par les tics de langage :* animateurs de télévision, journalistes.

# Chapitre ⓫ LES GRANDES RÉGIONS FRANCOPHONES

## – LE MAGHREB P. 97

❶ *Carthage :* Tunisie, Empire romain et les guerres puniques ; *Atlas :* Maroc, paysages face au désert ; *Sahara :* désert de 2 millions de km² partagé entre Algérie, Maroc et Tunisie – des villes célèbres à cause du cinéma : Ouarzazate et Tataouine – les fresques de Tassili ; *rai :* musique populaire mondialisée née à Oran.

❷ Les civilisations romaine, chrétienne, africaine, berbère, arabe, méditerranéenne (Espagne, Italie) et coloniale française.

❸ Elle fascine à cause de la beauté du désert, des fresques de Tassili, des oasis ; elle est convoitée à cause des ressources (pétrole, gaz, phosphates).

❹ Au quotidien, l'arabe est la langue officielle, le berbère et l'arabe littéral la langue des échanges familiaux, sociaux et communautaires et le français la langue des affaires, d'une partie de l'enseignement et des créateurs.

❺ *Suggestions de thème :* Ouarzazate, capitale du cinéma ; Tanger, ville cosmopolite ; Alger, un rêve français ; Oran, capitale du raï ; Tunis, au royaume des femmes ; Casablanca, capitale économique.

❻ cf Clé International : *Littérature progressive du français.*

## – LE PROCHE-ORIENT P. 99

❶ *Soliman le Magnifique :* donne au Royaume de France le statut de protecteur des Lieux Saints et des Chrétiens de l'Empire Ottoman ; *Bonaparte :* expédition d'Égypte et ouverture sur le monde arabo-musulman ; *Ferdinand de Lesseps :* percement du Canal de Suez.

❷ Mise en œuvre et conduite des Croisades ; création des États latins d'Orient et du Royaume de Jérusalem.

❸ Dynamisme francophone du Liban et d'Israël ; rayonnement des grandes universités comme Galatasaray (Turquie), Saint-Joseph (Liban) ; réseau d'écoles et de lycées francophones de la Turquie à la Lybie ; missions archéologiques de Damas et du Caire.

❹ François 1er et sa relation avec Soliman le Magnifique ; Bonaparte et la création de l'École des langues orientales ; Napoléon III et le percement du Canal de Suez ; le français langue des élites politiques et culturelles grâce au réseau d'excellence des établissements d'enseignement et des universités.

❺ *Suggestions : écrivains :* Amin Malouf, Albert Cossery, Andrée Chedid ; *cinéastes :* Youssef Chahine, Amos Gitaï, Danielle Arbid ; *musiciens :* Ibrahim Maalouf, Yaël Naim, Natasha Atlas.

❼ *carte d'identité du roman :* fresque, famille Jan, chef des services secrets syriens ; *membres de la famille :* un islamiste engagé, un brillant avocat aux États-Unis, une femme qui vit entre Beyrouth et Damas ; *thème du roman :* la chute du Moyen-Orient malade. Oui, il est d'actualité car il pressent les révolutions arabes qui vont se déclencher.

## – L'AFRIQUE SUBSHARIENNE P. 101

❷ La géographie coloniale a été tracée par les puissances coloniales à la Conférence de Berlin de 1885. Les Pays actuels héritent de ce tracé. La géographie ethnique, c'est celle des empires, états et royaumes qui précèdent la colonisation. La géographie linguistique distingue les langues bantoues, aujourd'hui présentes dans plusieurs pays (bambara, peul, wolof, malinké, etc.), et les langues sahéliennes (haoussa, lingala, ciluba, swahili) qui sont des langues de communication.

❸ Le défi démographique avec une augmentation de 3 % de la population par an.

❼ *enfants des rues :* mendiants, prostitués, chassés de leur famille, jetés dehors, battus, bouc émissaire, orphelin du VIH, possédé ; *risques :* drogue, prostitution, mendicité, VIH ; *structures d'accueil :* dialogue sur les lieux de rencontre dans les lieux publics, recherche de famille d'accueil, reconstruction avec des mots, resocialisation.

## – L'OCÉAN INDIEN P. 103

❶ *les tortues géantes :* Seychelles ; *les cocotiers :* Seychelles ; *les barrières de corail :* Île Maurice ; *les orchidées sauvages :* Seychelles ; *Pamplemousse :* Île Maurice ; *le Piton des Neiges :* La Réunion ; *Chamarel :* Île Maurice.

❷ Lien politique ou administratif : statut d'indépendance de Madagascar, l'île Maurice, des Comores et des Seychelles ; département d'outre-mer (La Réunion) ; département et région (Mayotte).

❸ Mariage (Comores) ; rituel de l'adolescence (Mayote) ; exhumation (Madagascar).

## – LES ANTILLES FRANÇAISES ET LA GUYANE P. 105

❶ *volcan :* Montagne Pelée, Antilles françaises ; *forêt :* Guyane française ; *plage :* Marie-Galante, Antilles françaises ; *récif de corail :* Deshaies, pointe de la Grande Vigie, Antilles françaises.

❷ Toussaint Louverture.

❸ En Guyane. Base spatiale européenne.

❹ Départements-régions d'outre-mer pour les Antilles françaises ; département pour la Guyanne.

❺ Le tourisme, l'agriculture (banane, canne à sucre, ananas) et la viniculture (rhum).

❻ La forêt (espace de biodiversité) et l'industrie spatiale.

❼ Les écrivains reconnus et honorés, la peinture naïve et inspirée du vaudou, les musiques métissées, le cinéma.

❽ Une des grandes figures des mouvements anticolonialiste, abolitionniste et d'émancipation des Noirs.

## – DE LA NOUVELLE-CALÉDONIE À LA POLYNÉSIE FRANÇAISE P. 107

❶ *4162 :* distance entre Nouméa et Papete ; *6, 5 :* surface du domaine maritime des îles francophones.

❷ Ces îles ont des statuts très différents : État indépendant (Vanuatu), collectivités d'outre-mer à large autonomie politique pour la Nouvelle-Calédonie et la Polynésie et collectivités d'outre-mer à statut différent pour Wallis et Futuna.

❸ Richesses du sous-sol (nickel, manganèse, or, cuivre, chrome), produits rares (vanille, perles), tourisme.

❹ Paysages de rêves, lagons protégés, végétation tropicale, climat bercé par les vents.

❺ Gauguin, Matisse (peintres), Pierre Loti (écrivain qui doit son nom à la reine de Tahiti), Jacques Brel (chanteur), etc. On peut aussi faire une présentation des films tournés à Tahiti (cf. Wikipédia).

## – L'ASIE DU-SUD-EST P. 109

❶ *Indochine :* Cambodge, Laos, Vietnam ; *Cochinchine :* Sud-Vietnam ; *Tonkin :* Nord-Vietnam ; *Aman :* Centre du Vietnam ; *Mékong :* fleuve qui traverse les trois pays.

❷ *1860-1954 :* Protectorat français ; *1945-1954 :* guerre d'Indochine ; *1900 :* fondation de l'École française d'Extrême Orient.

❸ Des noms de lieux : Cochinchine, Tonkin, Aman, Mékong ; des références littéraires : Loti, Malraux et Marguerite Duras ; des films romanesques (*Barrage contre le Pacifique*, *Indochine*, *L'Amant*) ; des paysages (la baie d'Along), des sites historiques (Hué et Angkor).

❹ Urbanisme et architecture de Phnom-Penh, Hanoï et Ho-Chi Minh Ville (Saïgon) ; développement des infrastructures (routes et chemin de fer) et des ports (Saïgon et Haïphong).

**❺**     Le Laos et le Vietnam sont des républiques socialistes et le Cambodge, une monarchie parlementaire. Les trois pays font partie de l'Organisation internationale de la Francophonie.

## – L'AMÉRIQUE DU NORD P. 111

**❶**     *2 millions* : de km², zone d'influence francophone ; *7,2 millions* : nombre d'habitants du Québec ; *1,6 million :* nombre d'Américains parlant le français à la maison ; *200 000 :* nombre d'habitants en Louisiane qui parlent le français à la maison ; *15 millions :* nombre de francophones en Amérique du Nord ; *250 000 :* nombre de francophones au Nouveau-Brunswick ; *800 000 :* nombre de Louisianais qui se disent d'origine française.

**❷**     La communauté francophone est située essentiellement au Nord-Est du continent Nord-américain et le long du du Mississippi.

**❸**     Langue officielle en Louisiane et au Québec ; statut bilingue au Nouveau-Brunswick ; langue d'usage ailleurs.

**❹**     La Charte de la langue française ou Loi 101 votée le 26 août 1977, définit les droits linguistiques de tous les citoyens du Québec et confirme le français comme langue officielle de la Province de Québec. Elle installe un bilinguisme officiel au niveau institutionnel. Le français est la langue du gouvernement, de l'administration et en partie du secteur privé pour lequel existent des programmes de francisation. Elle garantit cependant l'usage des langues autres que le français et notamment l'anglais dans l'accès à la loi dans sa langue et à la justice. Un programme d'enrichissement systématique de la langue par la traduction de tous les termes anglais et leur usage obligatoire dans les documents et dans l'affichage vise à faire en sorte que le français ne soit pas distancié par l'hégémonie linguistique et technologique anglo-saxonne.

**❼**     *Fred Pelleri :* 34 ans, conteur, guide touristique au départ, Saint-Élie-de-Caxton, 300 000 Québécois sont venus écouter ses histoires ; *histoires :* il raconte les histoires de son village en y mêlant poésie et fantastique ; *source d'inspiration :* il trouve son inspiration dans les personnages de son village, dans les files d'attente, dans la vie de tous les jours ; *conséquences pour son village :* le village connaît une seconde jeunesse : nouveau café, nouvelle boulangerie, réfection du presbytère...

## – L'EUROPE P. 113

**❷**     La francophonie européenne se déploie dans un espace plurilingue et elle est souvent circonscrite à quelques régions.

**❸**     Elles abritent de grandes institutions européennes et internationales : les institutions européennes à Bruxelles, la Croix Rouge et l'ONU à Genève, le Comité Olympique et l'UEFA à Lausanne.

**❹**     Une économie à haute valeur ajoutée dans les services, la chimie, l'industrie et les télécommunications ; forte attractivité touristique du fait du caractère patrimonial de ces régions.

# REPÈRES / ÉCONOMIE

# Chapitre ⓬ L'IMAGE ÉCONOMIQUE

## – UNE ÉCONOMIE PERFORMANTE P. 115

**❶**     *1ère :* destination touristique au monde ; *3e :* investisseur mondial direct à l'étranger, 3e pour l'accueil des investissements étrangers et 3e exportateur pour l'agriculture ; *5e :* exportateur mondial de biens d'équipements ; *7e :* rang mondial pour les exportations ; *2ème :* zone mari-

**❷** time du monde ; *4e* : exportateur pour les services ; *6e* : rang mondial pour les importations.

**❷** C'est une économie ouverte aux investissements étrangers et qui investit beaucoup à l'étranger ; c'est une économie exportatrice (agroalimentaire, produits manufacturés, produits de luxe, services).

**❸** Pétrole, énergie, industrie électrique et électronique, pharmacie, cosmétique, aéronautique, distribution, assurances, automobiles, banque, luxe. Une économie performante, mondialisée, innovante et tournée vers l'exportation.

**❹** La qualité et le niveau de la formation ; les infrastructures ; le coût peu élevé de l'énergie, la productivité, la qualité de vie.

**❻** L'image première de la France est une image patrimoniale (passé glorieux, héritage architectural), de l'art de vivre (vin, nourriture), une destination touristique, un pays du luxe et de la mode : c'est l'image d'un pays féminin lié à la beauté, aux sens, aux émotions.

**❼** *sentiments :* ça m'interpelle, ça m'effraie un peu, c'est ridicule, c'est trop dangereux ; *arguments contre :* gérer les déchets, c'est des particules qui traversent le monde, c'est vraiment la mort de nos enfants, ça reste un danger à long terme ; *arguments pour :* pas de problèmes de carbone, c'est ce qui fait qu'on ne mange pas à la bougie, efficace, pollue peu, il faudra de tout ; *solutions alternatives :* l'éolien, le solaire, l'énergie hydraulique.

## – UNE PUISSANCE AGRICOLE ET AGROALIMENTAIRE MONDIALE P. 117

**❶** *Une agriculture* diversifiée, industrielle, spécialisée. Une forte *concentration* des exploitations. *De grands groupes agroalimentaires. Un passage des expoitations en mode* biologique. *Le succès du tourisme* vert.

**❷** Une terre fertile et un climat modéré.

**❸** Blé (5e producteur mondial), vin (1er), lait (3e), sucre (7e), viande bovine (1er)...

**❹** Passage à une culture en mode biologique ; augmentation du contrôle sanitaire ; préservation du patrimoine vert ; tourisme vert.

**❼** *adhérents :* 130 ; *principe :* tout est commandé à l'avance, pas de perte, pas de rebut et que des produits frais et cultivés sur place ; *avantages pour le consommateur :* consommer des produits de saison, avoir de bons produits, des produits sains, des produits qui n'ont pas fait 1 500 bornes (kilomètres) pour arriver là, connaître les producteurs ; *avantages pour le producteur :* pas de perte, pas de rebut : tout est commandé à l'avance, livré directement au client, connaissance du client ; *changements dans la relation producteur/consommateur :* le contact avec le client, l'organisation de visites des exploitations pour voir et comprendre le processus de fabrication des produits que les consommateurs mangent.

## – LES ENJEUX DE L'ENVIRONNEMENT P. 119

**❶** *Effort financier de l'État :* 47,5 milliards ; *Investissement dans les énergies renouvelables :* 24 milliards ; *Part des énergies renouvelables dans la consommation énergétique :* 14 % ; *Nombre d'emplois liés à l'environnement :* 448 000 ; *Nombre de citadins qui ont choisi de s'installer à la campagne :* 100 000.

**❷** Un vrai engagement politique (COP 21 et droit français), économique (incitation financière à la transformation du modèle de développement), énergétique (développement des énergies alternatives) et dans la protection de l'environnement.

**❸** La COP 21 est la 21e conférence des parties de la Convention-cadre sur les changements climatiques. Elle s'est tenue à Paris du 30 novembre au 11 décembre 2015 et a réuni 195 pays. Elle avait pour but de définir les moyens d'éviter une amplification du dérèglement climatique. L'enjeu est de réduire le réchauffement climatique entre 1,5 et 2° C d'ici à 2100. La conférence de Paris a fait une large place à la société civile présente au travers de salons, conférences, débats, rassemblements en marge de la réunion. De nombreuses manifestations dans le monde ont relayé le rassemblement de Paris pour faire pression sur la réunion des chefs d'État. L'accord de Paris est le premier accord universel sur le climat/réchauffement climatique.

# Chapitre ⓭ UNE INDUSTRIE DE L'ART DE VIVRE

## – L'INDUSTRIE DU LUXE P. 121

❶ *lieux :* Place Vendôme, Avenue Montaigne, Rue du Faubourg Saint-Honoré ; *Chiffres clés :* 210 milliards de chiffre d'affaire, 10 % de croissance par an, 80 % des ventes à l'exportation, 135 marques ; *groupes leaders :* LVMH et Kering ; *principales marques :* Vuitton, Dior, Fendi, Max Jacobs, Guerlain, Bulgari, Hennessy, Veuve Cliquot, Saint-Laurent, Gucci, Boucheron et aussi Le Bon Marché, Le Printemps, Sephora ; *marchés cibles :* États-Unis, Japon, Europe, Chine, Brésil, Inde ; *nom de la structure :* Comité Colbert.

❷ Son poids économique en terme de chiffres d'affaire ; sa forte valeur ajoutée ; sa concentration industrielle autour de quelques grands groupes ; sa capacité fortement exportatrice.

❸ Un mélange de tradition, de savoir-faire et d'innovation ; une authenticité prestigieuse et une qualité artisanale ; l'exclusivité et la rareté.

❹ Une image haut de gamme dans laquelle s'incarne le goût français. Un savoir-faire d'exception. Une image glamour.

## – LA GASTRONOMIE P. 123

❶ *gastronomie et politique :* Général de Gaulle, Henry IV, Marie-Antoinette ; *gastronomie comme art :* La Varenne, Vatel, Carême, Escoffier, Curnonsky et les « mères » Blanc, Brazier... ; *gastronomie et stars du fourneau :* Paul Bocuse, Guy Savoye, Georges Blanc, Alain Ducasse, Anne-Sophie Pic, Alain Passard, Joël Rebuchon, Pierre Troigros ; *gastronomie et médiatisation :* Guide Michelin, livres des grands cuisiniers et pâtissiers, émissions télévisées comme « Top Chef ».

❷ *pot de vin :* boisson/donner une somme d'argent frauduleuse contre un service rendu ; *prime à la casserole :* ustensile de cuisine/un politique mis en cause ou condamné peut bénéficier de la part du peuple d'une indulgence qui se traduit par sa réélection ; *panier de crabes :* produit gastronomique/groupe de personnalités qui se disputent le pouvoir ; *cuisine politique :* art de fabriquer un plat et de transformer un produit/manœuvres politiques douteuses.

❸ Premier sujet de conversation ; objet d'émissions, de livres, de jeux télévisés ; fait partie du langage quotidien dans de nombreuses expressions : « Quelle salade ! Presser le citron, mélanger les torchons et les serviettes, Quel navet (film) ! Une vraie daube (spectacle) !, Mijoter quelque chose ».

❼ *caractéristiques du repas français :* un repas festif, l'art du bien manger, du bien boire, le plaisir du goût, le bien être ensemble, un rôle social actif, transmission de génération en génération ; *autre cuisine inscrite :* la cuisine mexicaine ; *pratiques déjà protégées :* 200 ; *enjeu de cette protection :* protéger la diversité face à la mondialisation, sauvegarder les différences.

## – LE TOURISME P. 125

❶ *80 :* millions de touristes ; *1,2 :* millions d'emplois ; *158 :* milliards d'euros de recettes.

❷ *ski :* les Alpes et les Pyrénées ; *bronzer :* Provence-Côte d'Azur, Languedoc-Roussillon, Landes ; *surf :* Sud-Ouest (Hossegor, Biarritz) ; *paysages des peintres :* Provence-Côte d'Azur, Normandie (Monet) ; *visite de cathédrales :* île-de-France (Notre-Dame, Chartres), Normandie (Rouen, Mont-Saint-Michel) ; *pèlerinage :* Sud-Ouest (Lourdes) ; *visites de châteaux Renaissance :* Val-de-Loire ; *musée :* Paris, Louvre.

❸ La géographie et ses paysages, le climat, le domaine maritime varié, l'histoire, le patrimoine et la culture.

❹ Tourisme patrimonial (monuments) ; tourisme blanc (sports de neige) ; tourisme vert (terroirs) ; tourisme de randonnées (chemins de grandes randonnées – GR 20 en Corse ; tourisme religieux (chemins historiques de pèlerinage vers Saint-Jacques-de Compostelle-(Espagne) ; tourisme nature et découvertes (grands parcs nationaux) ; tourisme œnologique (vignobles).

# Chapitre ⓮ EN FAMILLE

## – COUPLE « FAMILLES » À GÉOMÉTRIE VARIABLE P. 127

**❶** *mariage :* 240 000 entre 28 ans (femmes) et 30 ans (hommes) dont 3 % de couples gays ; *union libre :* 20 % des couples, majoritaire chez les 25-29 ans ; *PACS :* 170 000 par an ; *famille monoparentale :* 1,8 million (20 % des jeunes de moins de 25 ans vivent chez un seul parent).

**❷** La famille reste au cœur du modèle de vie français, mais les Français choisissent des modalités très différentes de la vivre avec un engagement plus ou moins révocable (union libre), un mode contractuel plus facile à défaire, et en s'engageant de manière plus rituelle et solennelle avec le mariage. Le nombre de familles monoparentales atteste cependant de la fragilité de ces différents types d'engagement et de la versatilité de ceux qui s'engagent.

**❸** Le mariage est un lien, un engagement réciproque où chacun fait le choix d'abandonner une part de sa liberté pour en créer une autre, celle conjointe du couple ; l'union libre est une volonté de partager une vie ensemble mais en préservant la liberté de chacun de sortir de l'union.

## – LA PLACE DES JEUNES P. 129

**❶** *enfants de la crise :* entre 21 et 25 % de chômeurs et 27,3 % qui enchaînent des petits boulots ; *adeptes des technologies :* population familière des technologies de l'information et de la communication : elle textote, télécharge, googlise… ; *réseaux sociaux :* 90 % de jeunes y sont inscrits et 75 % les utilisent tous les jours dont Facebook 81,8 % et Snapchat 43,7 % ; *enfants de la mondialisation :* ils sont altermondialistes pour un monde plus durable et porteurs d'une alter consommation pour une économie du partage (partage d'appartements, de lieux de travail, de voitures).

**❷** Inconfort moral, difficulté d'insertion professionnelle, chômage, difficulté à gagner sa vie, difficulté à devenir indépendant et à s'émanciper de l'hébergement familial, difficulté à partager avec les autres, ils sont bien les enfants de la crise, de la difficulté à devenir des adultes indépendants et de la mondialisation.

**❸** *Tanguy* est un film d'Étienne Chatilliez qui raconte l'histoire d'un garçon qui se sent si bien chez ses parents qu'il ne veut pas en partir. Ses parents vont utiliser tous les moyens pour l'obliger à prendre cette décision. La génération Tanguy, c'est donc la génération des enfants qui ne gagnent pas suffisamment, qui n'ont pas d'emploi stable et qui sont obligés de continuer à vivre chez leurs parents : ils sont 4,5 millions à vivre cette situation.

**❹** Elle fait référence à une posture contradictoire ou complémentaire : d'une part l'attention portée au développement personnel et à la recherche d'identité, d'autre part la préoccupation de construire un monde de partage et d'échange plus juste et plus durable.

**❺** Ils sont des enfants de la crise et du chômage de masse. Beaucoup n'ont pas la formation adéquate pour postuler à des métiers stables. Ils doutent que le travail leur donnera un jour la possibilité d'accéder à une situation équivalente à celle de leurs parents.

## – L'ÉTAT ET LA FAMILLE P. 131

**❶** *courant familial :* courant qui considère que la famille est une institution essentielle à la structuration de la société et à la transmission des valeurs ; *courant nataliste :* l'État doit favoriser le renouvellement des générations ; *allocations familiales :* aide directe de l'État à partir du deuxième enfant ; *congé parental :* à partir du deuxième enfant, les femmes peuvent bénéficier d'un congé rémunéré pendant un an pour élever leur enfant ; *congé maternité :* congé payé d'une durée totale de 16 semaines ; *crèche :* lieu d'accueil des enfants avant l'école maternelle toute la journée pendant que les parents travaillent.

**❷** La politique de la famille est une affaire publique qui correspond à une stratégie nataliste de l'État. Elle obéit à une politique volontariste de favoriser l'augmentation des naissances. Elle est très attentive à faciliter la vie des femmes d'un point de vue personnel et professionnel. Elle se concrétise par des aides (allocations familiales, réductions d'impôts, avantages matériels en matière de transport, de culture et d'éducation), des compensations salariales au moment de la maternité et la mise à disposition de structures d'accueil pendant les heures de travail.

**❹** Les femmes qui ont élevé trois enfants et qui n'ont pas pu avoir une carrière professionnelle normale ont droit à une retraite.

**❺** Le congé parental dont peuvent bénéficier aussi les hommes, l'accès aux crèche, garderie et à l'école maternelle visent à permettre de concilier vie familiale et vie professionnelle.

**❻** La Fête des mères est une fête annuelle où l'on offre des fleurs et des petits cadeaux. Elle remonte à l'Antiquité grecque et latine et a été confortée par le christianisme à travers la figure de la Vierge Marie et de la Sainte Famille. La première fête des mères a été célébrée en 1906 et la fête devient officielle pour les mères de famille nombreuse en 1920 et, en 1926, pour toutes les mères. Une loi de 1950 dispose que « la République française rend officiellement hommage chaque année aux mères françaises au cours d'une journée consacrée à la célébration de la *Fête des Mère*s ».
La Fête des Pères dans la Chrétienté est associée à la figure de Joseph et se fête donc le 19 mars. La tradition civile et commerciale remonte à 1949 où un fabricant de briquets lance la célébration de la fête le troisième dimanche de juin. Un décret de 1952 officialise la fête à cette date.

# Chapitre ⓯ L'ÉCOLE

## – ÉCOLE ÉGALITAIRE ET ÉCOLE ÉLITISTE P. 133

**❶** *2,2 :* millions d'étudiants ; *12,6* ; millions d'élèves ; *653 000 :* établissements ; *6,1 % :* du PIB ; *146 :* milliards de budget ; *10 :* millions d'élèves dans les écoles publiques ; *6-16 ans :* école obligatoire.

**❷** *Les objectifs :* une instruction commune à tous les citoyens ; un accès garanti à toutes et à tous à tous les niveaux d'enseignement ; garantir la neutralité et le respect des opinions. *Organisation :* les communes s'occupent des écoles primaires ; les départements des collèges et les régions des lycées.

**❸** Permettre de trouver un travail ; donner une culture générale ; réduire les inégalités.

**❹** Il organise et préserve à tous les niveaux des filières d'excellence ; il organise la sélection des meilleurs éléments dès le lycée par l'implantation des établissements, le capital culturel et social des parents à l'aise dans le suivi scolaire de leurs enfants, le jeu des options.

## – L'ORGANISATION DES ÉTUDES P. 135

**❶** *école maternelle :* facultative de deux à cinq ans ; *école élémentaire :* obligatoire à partir de six ans ; *premier cycle :* au collège, de la sixième à la troisième ; *second cycle :* de la seconde à la terminale, conduit au baccalauréat.

**❷** *CAP :* certificat d'aptitude professionnelle ; *BTS :* brevet de technicien supérieur ; *BEP :* brevet d'études professionnelles ; *DUT :* diplôme universitaire de technologie.

**❸** L'école maternelle se donne pour objectifs l'éveil et la socialisation des enfants ; l'école élémentaire se fixe pour objectif d'apprendre à lire, écrire et compter à tous les élèves ; le premier cycle du second degré conduit à un diplôme général soit à un certificat soit à un brevet professionnel ; le second cycle débouche sur un bac général, technologique ou professionnel qui est le premier diplôme de l'enseignement supérieur.

**❹** Le baccalauréat est d'abord un rituel social : en juin, toute la France vit à l'heure du bac et passe littéralement le bac ! C'est ensuite un véritable marqueur social : il y a ceux qui l'ont et ceux qui ne l'ont pas. Il augmente les chances professionnelles et, surtout, il est une porte qui s'ouvre sur l'enseignement supérieur et offre un accès quasi automatique à l'Université.

**❺** Il est non sélectif parce qu'il permet un accès quasi automatique à l'Université ; il est sélectif parce que, dès que l'on se dirige vers des enseignements spécialisés, il organise une sélection sous forme d'admission sur dossier (IUT), de concours d'entrée (grandes écoles) ou de concours de sélection (numerus clausus en médecine).

**❻** Dépense moyenne par élève pour l'État : maternelle : 4 970 € ; élémentaire : 5 440 € ; collège : 7 930 € ; lycée : 10 240 € ; lycée professionnel : 10 740 € ; grandes écoles : 13 880 €.

**❽** *avantages :* rassurer les parents, vérifier que les notions fondamentales ont bien été assimilées, support de révision et de travail ; surmonter une difficulté passagère ; *illusions :* un élève en échec lourd ne devient pas par miracle un bon élève ; ne pas attendre de miracle ; *conseils :* ne pas imposer le cahier mais proposer, bien choisir l'heure et le moment pour travailler, jouer avec le parent, se servir de la vie.

## – UN DÉBAT PERMANENT P. 137

**❶** *ils considèrent* que la démocratisation ne supporte ni discussion ni transgression ; *ils croient* que l'école, la formation, l'allongement des études sont la meilleure réponse à la mutation du marché de travail et de l'emploi ; *ils reprochent* l'abaissement des exigences et le laxisme en matière de discipline et de contrôle du travail ; *ils demandent* de s'adapter aux souhaits des jeunes, aux besoins des entreprises ; *ils réclament* tout et son contraire.

**❷** Réduire les inégalités sociales et valoriser le mérite personnel.

**❸** *Thèmes dominants :* réussite et limite de la démocratisation ; problème de la sélection à l'entrée de l'université ; part du financement étudiant dans les études universitaires ; autonomie des établissements scolaires et universitaires et des équipes enseignantes ; revalorisation de la fonction enseignante ; place de l'État et modalités de financement du système éducatif.

**❹** Non, ce principe n'est pas complètement respecté, l'école ne parvient que partiellement à réduire les inégalités de départ : inégalités sociales et surtout inégalités culturelles ; inégalités de chance de carrière entre les filles et les garçons même si les filles réussissent mieux que les garçons ; quant au mérite républicain tant vanté depuis la Révolution française, il ne résiste pas aux différences de chance entre Paris et les Régions, à la maîtrise des codes sociaux, culturels qui favorise ceux qui sont, par leur milieu d'origine, familiers de ces codes, à la cooptation et à l'entre-soi qui favorise la reproduction des élites.

**❻** *Suggestions de titres de films : La vie scolaire* (Grand Corps Malade, 2019) ; *Première année* (Thomas Lilti, 2018), *Entre les murs* (Laurent Cantet, Palme d'Or à Cannes 2008), *Les Beaux Gosses* (Riad Sattouf, 2009), *Le Petit Nicolas* (Laurent Tirard, 2009), *Élève libre* (Joachim Lafosse, 2008), *Passe le bac d'abord* (Renaud Bertrand, 2006) ; *L'Esquive* (Abdellatif Kechiche, 2003), *Être et avoir* (Nicolas Philibert, 2002).

# Chapitre ⑯ AU TRAVAIL

## – LA VIE PROFESSIONNELLE P. 139

**❶** *actifs :* 25,8 millions ; *actifs dans les services :* 75 % soit 18,9 millions ; *fonctionnaires :* 5,9 millions ; *Français à l'étranger :* 1,7 millions ; *Français non actifs :* 60 % de la population (environ 40 millions) ; *femmes avec emploi :* 47 % des emplois (environ 12 millions) ; *pourcentage de chômeurs :* 8,7 % (juin 2019).

**❷** Par rapport à 1982, les employés sont désormais la population active la plus nombreuse quand le nombre d'ouvriers a chuté de plus de 20 % ; les professions intermédiaires ont presque doublé quand le nombre d'agriculteurs était divisé par 3. Si le nombre d'artisans, commerçants, etc. bouge peu, en revanche le nombre de cadres et professions intellectuelles ont plus que doublé (2,4 fois plus qu'en 1982).

**❸** Les trois-quarts des actifs travaillent dans des activités de services : services marchands (commerce, transports, finances), services aux entreprises et aux particuliers (immobiliers, santé, éducation, action sociale, administration).

**❹** Multiplication des contrats courts : les CDD (contrat à durée déterminée) et les emplois intérimaires ; réduction du temps de travail (35 heures par semaine).

**❺** Il a engendré une moindre confiance dans les diplômes comme moyen d'accès à l'emploi ; il a créé un doute voire provoqué une remise en cause du modèle français de promotion et d'intégration sociales.

## – L'ORGANISATION AU TRAVAIL P. 141

**❶** *35 :* nombre d'heures travaillées par semaine ; *1 650 :* nombre d'heures travaillées par an ; *5 :* nombre de semaines de congés par an ; *10 :* nombre de jours fériés ; *62 :* âge légal de départ à la retraite ; *1,8 :* million, nombre d'adhérents aux syndicats enseignants.

**❷** 35 heures de travail par semaine ; 5 semaines de congés payés ; retraite à 62 ans pour 42 ans de cotisations ; protection par une convention collective de branches (type de métier) ou d'entreprises (pour les grands groupes) ; droit de grève.

**❸** La France enregistre entre 1,5 et 3,7 millions de jours de grève par an. Elle a connu aussi de longues grèves comme en 1995, 2003 et 2006 (contre la réforme des retraites, des régimes spéciaux de retraites) ou encore 2016 (loi travail). Les syndicats, peu représentés dans les entreprises (7,7%), choisissent la revendication frontale (grève, manifestation) pour pouvoir peser sur les négociations. Ils bénéficient souvent de l'appui silencieux de l'opinion publique.

**❹** C'est l'État qui souvent impose ses choix en matière d'organisation du travail : cela tient à la faible représentativité syndicale et aux relations conflictuelles entre patronat et syndicat. C'est l'État qui a imposé les 35 heures, la durée des congés à 5 semaines ou encore l'âge légal de la retraite.

## – LES NOUVELLES FORMES DE TRAVAIL P. 143

**❶** *révolution numérique :* c'est la croissance rapide des technologies de l'information et de la communication et l'innovation dans les systèmes numériques qui bouleversent nos modes de pensée, nos comportements, la communication, le travail ; *micro-entrepreneur :* travailleur individuel qui a opté pour un régime fiscal simplifié ; *connectivité :* elle concerne aussi bien les réseaux sociaux que les objets connectés ; *économie collaborative :* mode de production en commun de la valeur.

**❷** Les jeunes privilégient une culture de la flexibilité, de l'adaptabilité, de l'émulation et du dépassement de soi. Elle s'appuie aussi sur sa maîtrise des technologies de l'information et de la communication.

**❸** Faciliter la création d'entreprise ; proposer un statut adapté : le statut de micro-entrepreneur.

**❹** L'économie collaborative permet de produire de la valeur en commun ; elle s'appuie sur une organisation horizontale, la mutualisation des espaces et des outils de travail, l'organisation des citoyens et des utilisateurs, consommateurs en réseau.

**❼** *avoir un smartphone,* c'est être n'importe où et continuer à travailler mais ça peut devenir un fil à la patte ; *la réaction* c'est ce que je finis toujours par regarder et en fonction de la gravité, ça prend le dessus sur le moment qu'on est en train de passer... c'est le fil autour du cou ; *le problème,* c'est que les gens ont du mal à respirer, c'est devenu intrusif par rapport à la vie privée ; *les enquêtes montrent* qu'un cadre sur deux ne se sent pas le droit d'éteindre son smartphone, et un tiers reste connecté pendant les vacances ; *pour négocier* avec nos employeurs des chartes ou de la prise en compte de cette astreinte supplémentaire dans la charge de travail et dans la reconnaissance de cette charge de travail.

# Chapitre ⑰ LA CULTURE VIVANTE

## – TENDANCES MUSICALES P. 145

**❶** *courant protestataire québécois :* 1960 ; *le rap et le slam :* 1980 ; *les spectacles musicaux :* 1978 (*Starmania*) ; *le carré d'as de l'art de l'auteur-compositeur-interprète :* 1950-1970 ; *la nouvelle identité du rock français :* années 1980 ; *la musique électronique :* années 2000.

**❷** *Influences francophones :* maghrébine, créole, québécoise, africaine ; *régionales :* corse, celte, gascone ; *étrangères :* anglo-saxonne.

**❸** La tradition des auteurs-compositeurs-interprètes qui va de Félix Leclerc et Charles Aznavour jusqu'à Benjamin Biolay et Stromae.

**❼** *signification de Stromae (verlan) :* maestro ; *expressions :* extra-terrestre, grand ado(lescent) au charisme facinant, nouveau Brel ; *influences :* Jacques Brel, Ibrahim Ferrer, Buena Vista Club, le rap ; *explication du décalage entre paroles et musique :* en soignant le mal par le mal ; rigoler de sa propre vie en l'amenant sur les dance floors.

## – FILMS EN TOUT GENRE P. 147

**❶** *À bout de souffle, Jule et Jim :* Nouvelle Vague ; *Z et Loulou : Z* préoccupation politique, *Loulou,* préoccupation sociale ; *Cyrano :* cinéma littéraire et patrimonial ; *Le Nom de la rose :* cinéma spectaculaire ; *Le Cercle Rouge :* policier.

**❷** Le cinéma en France est une véritable culture : il a ses revues, ses librairies, son réseau de ciné-clubs, ses festivals. Avec 200 millions de spectateurs, 4 000 salles et 180 films produits, il occupe la première place en Europe.

**❸** *après 1968 :* un cinéma qui reflète les préoccupations politiques et sociales du moment ; *après 1980 :* un cinéma de crise et des années de doute : le cinéma explore de nombreuses voies (spectaculaire, littéraire, adolescent, nouveau genre comique) et il fait une place importante aux femmes.

**❹** La *Nouvelle Vague* a imposé une autre esthétique : tournage en extérieur, éclairage naturel, nouvelle génération d'acteurs qui échappent aux typologies classiques, problèmes contemporains, statut du réalisateur comme auteur du film.

## – ROMANS ET BD P. 149 ET 151

**❶** *savant :* à propos de Queneau et Pérec qui utilisent des combinatoires savantes et des contraintes choisies ; *indéfinissable :* à propos de la psychologie des personnages des ouvrages du Nouveau Roman (Robbe-Grillet, Nathalie Sarraute, Michel Butor, Claude Simon, Marguerite Duras) ; *distancié et ludique :* le traitement du récit commun aux romanciers postmodernes (Toussaint, Echenoz, Gailly, Chevillard) ; *improbable :* bulle de temps improbable des romans de Patrick Modiano ; *affectif :* la misère affective du héros moderne chez Michel Houellebecq ; *douloureux :* la construction douloureuse d'une identité commune aux récits de Simone de Beauvoir, Annie Ernaux ou Christine Angot ; *introspectif :* monologue introspectif du héros dans *Mémoires d'Hadrien* de Marguerite Yourcenar ; *fusionnel :* nostalgie d'un rapport fusionnel avec le monde à jamais rompu dans les romans de JMG Le Clézio (*Onitsha, Le Chercheur d'or...*).

**❷** Ils ont remis en question la forme romanesque l'un en déconstruisant le récit, l'autre la langue.

**❸** Il aborde la fiction de manière ironique et propose une approche distanciée et parfois ludique du récit ; les auteurs mettent en scène des personnages empêtrés dans la vie.

**❹** Un questionnement du récit dont on ne sait jamais de manière sûre à quel temps et à quel

**❺** Une identité douloureuse qui reflète la misère affective, sexuelle, spirituelle, sociale et économique du personnage principal de la fiction.

**❻** Ils ont, chacun à leur manière, célébré la forme romanesque au moment où elle était remise en cause. Ils l'ont fait chacun et chacune en choisissant une voie originale et différente.

**❾** Tintin, Astérix, Lucky Luke, Le Petit Nicolas, Jack Palmer, Iznogoud, Zef ont été adaptés au cinéma avec plus ou moins de bonheur et plus ou moins de fidélité et en choisissant des techniques différentes. *Tintin* a été adapté par Steven Spielberg (*Tintin et le Secret de la Licorne*) en concentrant trois albums et en utilisant la technique de la motion capture. *Astérix* bénéficie du tandem Gérard Depardieu (Obélix) – Christian Clavier (Astérix) qui sert de constante à toutes les adaptations plus ou moins fidèles aux albums auxquels ils font référence : certaines comme *Astérix et Obélix : Mission Cléopâtre* (Alain Chabat, 2002), le plus gros succès au box office (14 millions d'entrées) empruntent complètement à l'esthétique dominante de l'époque et sont imprégnées de l'esprit et de l'humour de la chaîne Canal + alors triomphant : la présence d'Alain Chabat, de Jamel Debbouze, de Isabelle Nanty, Ëdouard Baer, de la troupe des Nuls (Chabat, Chantal Lauby) et celle des Robins des Bois (Marina Foïs, Jean-Paul Rouve) ; le film est une somme de parodies et de références qu'il peut être amusant de retrouver (cf pour les solutions la page Wikipédia rubrique Clins d'œil.)

**❿** Il y a une grande différence entre ce que la critique littéraire distingue et commente (hormis Houellebecq) et ce que le grand public plébiscite qui est pour l'essentiel de la littérature de genre policier pour Musso et Vargas (avec un héros récurrent), mémoire affective (Marc Lévy), historique (Max Gallo), roman de bien-être (Anna Gavalda), apologétique (Éric-Emmanuel Schmitt), autobiographique (Jean d'Ormesson), adolescent (Alexandre Jardin), réalisme magique (Amélie Nothomb).

## – MÉDIAS P. 153

**❶** *BeurFM, Radio Notre-Dame :* radios associatives et communautaires ; *RFI :* radio à vocation internationale ; *Canal + :* chaîne payante de télévision ; *France 24, TV5 Monde, Arte, Euronews :* chaînes de télévision internationales ; *Le Figaro, Le Monde :* journaux nationaux ; *L'Express, L'Obs, Le Point :* magazines hebdomadaires d'actualité ; *Elle :* magazine féminin ; *20 minutes :* quotidien gratuit ; *Mediapart, Rue 89 :* presse en ligne.

**❷** La libération de la bande FM a permis la création de centaines de radios dont il ne reste aujourd'hui, à côté du groupe national Radio France, que des réseaux privés consolidés et des radios locales, associatives ou communautaires.

**❸** Par la révolution numérique en cours, la télévision devient de moins en moins un média de flux qui se consomme à heure fixe et de plus en plus un média consommé à la carte, au moment choisi par le consommateur et sur n'importe quel support (tablette, ordinateur, smartphone).

**❹** *Médiapart* et *Rue 89* font partie de la presse en ligne complètement dématérialisée. Ils se distinguent du reste de la presse quotidienne qui a choisi de se présenter comme un bimédia avec une interface numérique qui traite l'information en temps réel, interagit avec le lecteur et un support papier.

## – INTERNET ET LA VIE EN NUMÉRIQUE P. 155

**❶** *55 :* millions d'internautes ; *22,5 :* millions de foyers ont un accès internet ; *3,8 :* millions d'abonnés au haut débit ; *32 :* millions d'utilisateurs de réseaux sociaux ; *26 :* millions d'abonnements Internet haut et très haut débit ; *94 :* % des adultes possèdent un téléphone mobile.

**❷** Gestion des e-mails ; achats de biens et de services en ligne ; gestion des comptes bancaires ; lecture des journaux et magazines en ligne ; recherche d'informations.

**❸** Le temps passé sur les réseaux sociaux et sur les tablettes, smartphones et ordinateurs.

**❻** *pour repérer les lieux :* le GPS pour s'orienter en voiture et le smartphone comme GPS piéton ; *pour prendre des photos :* l'appareil photo si possible étanche ou le smartphone ; *pour* *regarder des films ou écouter de la musique :* tablette, baladeur ou ordinateur pour écouter de la musique ou regarder les films. Penser à un disque dur WIFI ; *pour rester connecté :* abonnement 4G ; *pour ne pas risquer la panne :* les chargeurs.

# Chapitre ⑱ AU JOUR LE JOUR

## – CALENDRIER P. 157

❶    *vœux :* janvier ; *impôts :* par tiers ou mensualisé ; *Bac :* juin ; *Festival de Cannes :* mai ; *prix littéraires :* automne ; *soldes :* janvier et juillet ; *élections :* au moins une fois ; *Tour de France :* juillet ; *Festival d'Avignon :* juillet ; *Fête des Lumières :* décembre.

❷    *Janvier :* les vœux, les soldes, Festival de la BD à Angoulême ; *février :* impôts, vacances de neige ; *mars, avril :* printemps, élections, vacances de Pâques ; *mai :* Festival de Cannes ; *juin :* Roland Garros, baccalauréat, fête de la Musique et du Cinéma ; *juillet :* soldes, Festival d'Aix, d'Avignon, d'Orange, musique celte à Lorient et Francofolies de La Rochelle, Tour de France ; *août :* vacances d'été, début du championnat de France de football, festival de jazz de Marciac ; *septembre :* rentrée des classes, derniers tiers des impôts, journées du patrimoine ; *octobre, novembre :* nuit blanche et prix littéraires, fête de la Toussaint et des morts ; *décembre :* fête de Noël, Fête des Lumières à Lyon.

❸    *« Je te souhaite une belle année pleine de bonheur et de projets »* 1er janvier ; *« J'ai fait une affaire : 50 % moins cher... »* soldes (juillet et janvier) ; *« Je l'ai !!! »* le bac en juin ; *« Et la Palme d'Or est attribuée à... »* Festival de Cannes en mai ; *« Le Prix Goncourt 2016 a été attribué à Leila Slimani pour* Chanson douce, *chez Gallimard au 1er tour de scrutin par 6 voix. »* : début novembre.

❻    1. C'est très fort. La femme a quand même une place dans la société. Il y a encore beaucoup à faire mais c'est pas mal. – 2. Pas une journée exceptionnelle parce qu'au quotidien on pense aux femmes, à être correct, respectueux. – 3. dès notre enfance on nous prépare en tant que femme à suivre un chemin qui est typiquement féminin. – 4. Je vois pas l'utilité. Elles se démerdent très bien les femmes. – 5. C'est la journée de l'amour. C'est reconnaître le plus que peut apporter une femme au quotidien. – 6. Ça me paraît pas du tout un gadget. C'est hyper important on n'est pas encore à l'aise avec tout ça. – 7. Ce jour-là, elle retrouve une place de choix qui la hisse au-dessus des hommes... il faut applaudir. – 8. Une fille quand elle rentre toute seule, elle se fait aborder trois, quatre fois, cinq fois par des mecs ; ça peut être lourd. – 9. Si l'on est obligé d'en passer par là pour sensibiliser les gens, il faut que ça continue.

## – À CHACUN SON TEMPS P. 159

❶    *le sapin et les cadeaux :* Noël ; *les souvenirs des soldats morts pour la France :* 8 mai et 11 novembre ; *la visite des cimetières :* Toussaint ; *les fêtes de village :* 15 août ; *la convivialité de voisinage :* mai.

❷    Le calendrier religieux donne son rythme au calendrier civil ; il marque la célébration de la famille à Noël, le souvenir des morts à la Toussaint, organise le temps des loisirs (week-ends prolongés de Pâques, Pentecôte et de l'Ascension) et le temps des vacances (le 15 août est l'apogée des vacances d'été).

❸    Il révèle l'importance culturelle des liens entre la chrétienté et la vie civile malgré la Loi de séparation de l'Église et de l'État de 1905 qui fait de la France un État laïc.

❹    Le calendrier républicain est d'abord mémoriel : il célèbre les sacrifices consentis par la Nation et ses sursauts : célébration des Armistices du 8 mai et du 11 novembre ; appel du 18 juin à la Résistance par le Général de Gaulle ; journée nationale de la Résistance (27 mai) ; il célèbre bien sûr l'unité de la Nation voulue par chacun : accepter en conscience d'abandonner ses particularismes pour choisir de se fondre dans une entité plus grande, c'est le sens de la Fête nationale le 14 juillet ; il célèbre enfin les conquêtes sociales (1ᵉʳ mai : fête du travail) et valorise la famille (fête des mères) comme institution essentielle à la structuration de la société et à la transmission des valeurs ainsi que la femme (8 mars).

# Chapitre ⓳ CHEZ SOI

## – HABITAT COLLECTIF OU MAISON INDIVIDUELLE P. 161

❶  *57 %* des familles habitent une maison ; *10 %* ont une résidence secondaire ; *17 %* louent un logement social ; *43 %* habitent dans des immeubles collectifs ; *8 à 9 %* changent de logement chaque année ; *57 %* sont propriétaires.

❷  *Critères :* qualité du bassin d'emploi ; proximité des équipements collectifs (écoles, équipements sportifs), des transports, des commerces ; qualité environnementale de l'habitation.

❸  *Effet Tanguy :* 2 jeunes sur 3 de plus de 20 ans vivent chez leurs parents avec un nouveau type de relation ; *phénomène Friends :* 28 % des jeunes choisissent la colocation.

❹  Changement de perspectives professionnelles, de relations affectives ; raisons familiales (séparation) ; à cause d'événements familiaux (naissance), de perspectives immobilières (achat d'appartement ou maison).

## – ESPACE ET ÉQUIPEMENTS P. 161

❶  *élevé* : nombre d'heures (18) que les Français passent en moyenne chez eux ; *satisfait* : 94 % sont satisfaits de leur logement ; *partagé* : la cuisine redevient un lieu partagé ; *indispensable* : le coin bureau devient indispensable ; *pratique* : le mobilier se fait pratique ; *paradoxal et contradictoire* : la décoration.

❷  Une diversification de l'usage des espaces et un échange des fonctionalités : on peut travailler, lire, manger, regarder la télévision dans la chambre, dîner, discuter, recevoir dans le séjour ou la cuisine ouverte ou fermée qui perd son côté laboratoire.

❸  Léger, mobile, modulable, flexible, pratique.

❹  L'influence ethnique est liée aux voyages, au caractère multiculturel de la société française, à la curiosité pour les autres cultures.

❺  Presque tous les ménages disposent des équipements essentiels pour les tâches les plus fréquentes et les plus lourdes. La taille des appartements (66 m² en moyenne), le nombre de célibataires (14 % de la population) expliquent l'équipement plus faible en lave-vaisselle et pour le confort de la vie au quotidien. Certains équipements témoignent de changements dans les modes de nutrition (le four à micro-ondes pour les plats cuisinés ; le robot multifonction pour une nourriture riche en fruits et légumes, le grille-pain pour la consommation de pain de mie tranché plutôt que de baguettes fraîches).

# Chapitre ⓴ À TABLE

## – HABITUDES P. 165

❶  *35 minutes* : pour le dîner ; *25 minutes :* pour le déjeuner ; *20 minutes :* pour le petit déjeuner ; *7 h-9 h :* petit déjeuner ; *12 h-14 h :* déjeuner ; *19 h-21 h :* dîner.

❷  Le petit déjeuner classique (une boisson, tartines ou biscottes, beurre ou confiture) s'enrichit aujourd'hui de laitage (yaourt), flocons de céréales et jus de fruits ; le déjeuner se simplifie beaucoup : suivant les lieux (cantine d'entreprise) ou hors du bureau, il se compose souvent d'un plat et d'un dessert (fruit) ou d'un sandwich et d'une boisson. Le dîner en famille reste le repas principal autour d'un plat et de variantes en dessert (fruits, desserts sucrés tout préparés, fromage). Ces repas moins abondants s'accompagnent de la généralisation (75 %) d'un phénomène de grignotage qui porte le nombre de prises alimentaires de 3 à 6 !

❸ Le petit déjeuner au choix le matin, la diversité des formules de repas au déjeuner, les phénomènes de grignotage, selon ses envies, reflètent l'individualisation des comportements en matière d'habitudes alimentaires.

❼ *Rodolphe Landemaine* : compagnon du devoir, grand boulanger, maître de la fabrication de la baguette. Il a travaillé dans de prestigieuses maisons avant d'ouvrir une école à Tokyo et des boutiques à Paris ; *adjectifs : cuite :* il est important que la baguette de tradition soit cuite – *grignée :* elle a explosé au four et elle a cette petite arête tranchante qui est le signe qu'elle a vécu au four – *sauvage :* on veut trouver un alvéolage sauvage quand on la coupe – *anarchique :* cette mie très crème, on veut que ce soit anarchique – *fine :* quand on la coupe, on voit la croûte très fine sur le côté ; *les verbes :* le pain doit se reposer, respirer, se faire chouchouter. – *les opérations :* une fermentation lente et naturelle, du temps pour un pétrissage presque amoureux, une caramélisation des sucres à la cuisson (ni trop ni pas assez).

## – TENDANCES ET CONFLITS P. 167

❶ *échanger, commenter* des recettes sur Internet ; *illustrer* un patrimoine culinaire et *découvrir* de nouvelles saveurs ; *célébrer* le plaisir d'être ensemble et un moment où l'on prend son temps ; le souci de *manger* sain et équilibré ; la cuisine, le goût, la gastronomie *partagent* la France en deux.

❷ Il se manifeste dans l'engouement pour les cours de cuisine, la prolifération des émissions et des ouvrages de cuisine, les échanges de recettes sur Internet, l'intérêt pour les nouveaux mouvements comme le *slow food* ou le *fooding*.

❸ Les apports de l'immigration (italienne et espagnole), l'héritage de la colonisation maghrébine, moyen-orientale, le lien avec l'outre-mer, les saveurs rapportés des voyages (thaï), l'arrivée de nouvelles minorités (chinoise, indienne).

❹ Le désir d'authenticité, le rapprochement entre le monde urbain et le monde agricole, le souci de manger sain, la responsabilité écologique, et bien sûr le lien culturel, passionnel des Français avec la terre.

❺ *Conflits gastronomiques :* la cuisine au beurre et la cuisine à l'huile ; le cuit au Nord et le cru au Sud ; la viande au Nord et le poisson au Sud ; à table, la viande saignante ou bien cuite ; les légumes al dente ou plus cuits ; le mélange sucré-salé ou le refus de mélanger les deux ; la querelle vin blanc/vin rouge pour accompagner certains plats et la transgression qui s'opère.

# Chapitre ㉑ CONSOMMER

## – SALAIRES ET REVENUS P. 169

❶ *78 %* : des Français ont une perception négative des riches ; *82 %* : trouvent que les riches ne sont pas exemplaires ; *10 à 19 %* : des femmes gagnent entre 10 à 19 % de moins que les hommes ; *45 % :* pourcentage des prélèvements fiscaux sur les revenus ; *76 % :* des Français n'ont rien contre l'enrichissement ; *52 % :* considèrent que l'argent procure du bonheur ; *10 % :* le revenu des 10 % les plus riches est supérieur à 5 567 € net ; *19,5 % :* montant des prélèvements sociaux sur les salaires.

❷ *« L'argent ne fait pas le bonheur mais il y contribue »* : l'argent n'est pas au premier rang dans la hiérarchie des valeurs ; *« Quand on aime, on ne compte pas »* : l'argent n'est qu'un moyen ; *« L'argent, c'est comme les femmes. Pour le garder, il faut s'en occuper »* : l'argent est source de contraintes et de préoccupations ; *« L'argent est un bon serviteur mais un mauvais maître »* : suspicion à l'égard du pouvoir de l'argent. Il existe une perception négative de la richesse mais positive de l'enrichissement. On reproche à la richesse les comportements sociaux et moraux qu'elle engendre.

❹ La société française taxe fortement revenus et salaires, ce qui aboutit à un écart relativement faible entre revenus les plus bas et les plus élevés. Les Français confient à l'État le soin de redistribuer largement les éléments sous forme d'aides ou d'allocations pour satisfaire leur demande d'égalité qui s'accompagne d'une stigmatisation de la richesse (« Les riches peuvent payer » est un slogan souvent entendu) en même temps qu'une demande de « toujours plus ».

❻ *Le mot gagner :* il est perçu positivement associé à objectif, solidarité, plaisir, aboutissement, sentiment – il est perçu négativement associé à perdre, à loi du plus fort, à jeu ; *sens de gagner :* 1. relever un défi, arriver à un objectif – 2. gagner ça va avec le mot perdre – 3. gagner c'est formidable, ça l'est si c'est pour tout le monde ; – 4. c'est pas une revanche… c'est un plaisir – 5. gagner c'est l'aboutissement d'une démarche – 6. une sensation de pouvoir – 7. gagner la confiance de quelqu'un.

## – DÉPENSER : LIEUX ET TENDANCES P. 171

❶ *Les Galeries Lafayette :* cathédrale ; *boulangerie-pâtisserie :* magasin thématique ; *e-commerce :* dématérialisation ; *Carrefour :* hypermarché ; *marchés :* villes.

❷ L'existence, à côté des grands magasins, des magasins d'usine et de discompte et d'occasion ; l'existence, à côté des hypermarchés, des magasins thématiques de centres villes ; l'existence des marchés de proximité et l'explosion des achats en ligne.

❸ Le consommateur consomme à sa convenance : il combine à la fois la consommation de luxe et la consommation à prix discount, la consommation de masse et la consommation de spécialités des petits commerces ; il réclame fraîcheur, authenticité et traçabilité des produits et il multiplie les achats à distance.

❹ *Structure des dépenses des Français :* logement : 19 % ; santé : 13,2 % ; transport : 11,2 % ; alimentation : 10,2 % ; loisirs : 6,2 % ; équipement de la maison : 4,8 % ; information et communication : 3 % ; habillement et sport : 2,9 %.

❼ *objets déposés :* montres, bijoux, instruments de musique, tableaux, manteaux de fourrure, collections de timbres ; *partie de la valeur reçue :* la moitié de la somme correspondant à la valeur ; *chiffres :* 24 000 m$^2$ : surface des entrepôts de Ma Tante – 900 000 : nombre d'objets déposés – 30 % : pourcentage de clients en plus chaque année – 9 sur 10 des objets sont récupérés.

# Chapitre ㉒ SORTIR

## – LOISIRS P. 173

❶ *temps consacré aux loisirs :* 4 h 30 en moyenne mais 7 h 29 pour les jeunes et 6 h pour les plus de 60 ans ; *pratiques collectives :* 65 % pratiquent les loisirs en groupe pour des raisons de convivialité, par goût de créer et de renforcer des liens – pour les jeunes, le besoin de partager. Les sorties nocturnes ou culturelles sont majoritairement envisagés en groupe ; *pratiques en famille :* pour 70 %, les loisirs se pratiquent en famille, certains exclusivement, avec les enfants c'est une occasion de transmission du savoir ; *part des loisirs dans les dépenses :* premier poste de dépenses (30 %) : les Français dépensent 8,1 % de leur budget pour l'achat de biens et de services culturels ; *nombre d'activités pratiquées en moyenne :* 10 activités.

❷ Ils entendent faire ce qu'ils aiment, satisfaire leur développement personnel, retrouver un contact avec la nature, rendre le temps libre productif avec le bricolage, réaliser leurs désirs en matière de pratiques culturelles mais aussi donner du temps aux activités associatives et de solidarité.

❸ Ils préfèrent pratiquer leurs loisirs avec d'autres personnes plutôt que seuls ; ils valorisent le contact, la convivialité, le partage. Ils privilégient aussi les loisirs en famille pour le contact avec les enfants et la transmission. Ils consacrent aussi du temps à la vie associative (sportive en particulier ou culturelle) et aux activités de solidarité.

❹ Les dépenses d'abonnements (téléphonie et Internet), les dépenses pour la presse, les spectacles, les livres, le cinéma, les abonnements de téléchargement et de diffusion en ligne (films, séries, musiques).

❺ Le cinéma (25,2 %), la musique (20,8 %), la photographie (19,1 %), les séries télévisées (14,6 %), les voyages (14 %), la cuisine (14 %), surfer sur Internet (11,6 %), la randonnée (10,8 %), la lecture (10,3 %), le théâtre (10,3 %).

## – LES SPORTS P. 175

❶ *sports collectifs* : football, rugby, basketball, handball ; *sports de montagne* : ski, escalade, parapente, canoë kayak ; *sports en salle* : gymnastique, arts martiaux, pilates, yoga, fitness, acquagym ; *sports de combat* : boxe, karaté, taekwondo, taïkido ; *sports individuels* : tennis, natation, ski, jogging, bicyclette, arts martiaux, marche à pied, gymnastique ; *sports de mer* : natation, planche à voile, plongée sous-marine ; *sports de plein air* : bicyclette, marche à pied, VTT, golf, équitation, course à pied, jogging, motocyclisme ; *sports de vitesse* : motocyclisme.

❷ Entretenir sa forme ; être bien dans son corps, sa tête ; être efficace et plaire ; moyen de développement personnel.

❹ Le goût de la vitesse ; la violence urbaine ; la recherche d'activités extérieures de dépassement ; l'individualisme.

❼ *l'Ultra Trail* : 168 kilomètres sur 4 marathons – 9 600 mètres de dénivelé – l'équivalent de deux fois l'Éverest ; *bénévoles* : 2 000 bénévoles assurent le ravitaillement des coureurs ; *dispositif de secours* : une centaine de secouristes – 30 médecins – 3 hélicoptères – 80 m³ de matériel ; *principales pathologies* : entorses, tendinites, problèmes ostéo articulaires, musculaires, détresses vitales (défaillances cardiaques) ; *place des femmes* : 10 femmes jouent le rôle de cobayes : elles participent à une étude musicale sur la résistance à la fatigue et à l'effort.

## – LES VACANCES P. 177

❶ *nombre de jours de vacances* : 38 ; *Français qui partent en vacances* : 64 % ; *budget des vacances* : 2 333 € ; *destinations : en France* : Méditerranée puis l'Atlantique – *à l'étranger* : proche : Canaries, îles grecques, Espagne, Baléares, Italie, Antilles, Maroc, Turquie, Tunisie – plus loin : Thaïlande, États-Unis, Bali, Sri-Lanka, Cuba ; *nombre de touristes pour des vacances de remise en forme* : 400 000 ; *pourcentage de réservation par Internet* : 42 %.

❷ Si 64 % des Français partent en été, beaucoup fractionnent de plus en plus leurs vacances avec de courts séjours et des longs week-ends. Priorité au repos, à la famille, aux amis puis la randonnée, la baignade et les sports nautiques, la découverte d'espaces naturels et de sites patrimoniaux (villes, monuments). En matière de destination, La France d'abord (80 %) puis l'étranger de proximité (Europe, Maghreb, Turquie) et les voyages lointains (Amérique du Nord et Asie du Sud-Est).

❸ Activités plus sportives en montagne et sur route (parapente, rafting, escalade, VTT) ; tourisme de remise en forme et de bien-être (thalassothérapie, cure antitabac, amaigrissement) ; tourisme éthique ; séjours dans des parcs naturels, à thèmes ou de détente.

❻ *dépaysement* : l'évasion, le rêve, le sable fin, l'eau chaude, la mer, les Caraïbes – le sud, les cocotiers, la piscine, le soleil, le dépaysement au bout de la rue – au-dessus de la Seine en train de banlieue ; *changement pour soi* : le dérèglement de tous les sens – partir dans sa tête – dans le rêve, en esprit on est ailleurs – grapiller des petites choses, pas se gaver ; *autrui* : ne pas se gaver des autres – regarder autour de soi, ouvrir les yeux.

## – PRATIQUES ARTISTIQUES P. 179

❶ *33 %* des Français ont une pratique artistique en amateur ; *37 %* des Français savent jouer d'un instrument de musique ; *près de 33 %* (un tiers) font une collection

**❷** Les hommes préfèrent faire de la musique, de la photographie ou de la vidéo numérique ; les femmes préfèrent la sculpture, la peinture, la gravure, font du chant, de la danse, tiennent un journal intime ; les jeunes sont éclectiques et multipratiquants, zappent d'une activité à l'autre ; les retraités découvrent ou redécouvrent la musique, le chant, la danse, l'écriture ou la peinture.

**❸** 37 % des Français jouent d'un instrument et 8 % font du chant. Ils jouent surtout du piano et de la flûte. Ils ont souvent l'occasion de jouer pour la Fête de la Musique.

**❹** Internet a permis la création de nombreux réseaux d'échanges entre amateurs qui échangent savoir-faire et contenus.

# Chapitre ㉓ SE SOIGNER

## – SE SOIGNER À TOUT PRIX P. 181

**❶** *pourcentage du PIB consacré à la santé :* 11 % ; *pourcentage à souscrire une assurance complémentaire :* 93 % ; *part de la santé dans le budget familial :* 13 % ; *pourcentage du recours à des médecines douces :* 39 % ; *part de l'automédication :* 20 %.

**❷** La France a un niveau de dépense de santé parmi les plus élevés du monde et les Français bénéficient d'un haut niveau de protection. Son système de santé repose sur la solidarité financée par les Français eux-mêmes (15,4 %) et les entreprises (30,9 %) et les Français y sont très attachés. Ce système est un système mixte : il combine un système libéral de médecine individuelle (liberté de choix de son médecin, du spécialiste) et de choix individuel d'assurance complémentaire pour une couverture à 100 % et un système de prise en charge par l'État de l'organisation hospitalière, de la formation de l'ensemble des personnels de santé et de la recherche, et de prise en charge entre 75 % et 100 % du montant des soins.

**❸** Ils acceptent que l'on prélève 15,8 % sur leurs salaires pour garantir cette protection et ils consacrent 13 % du budget familial à la santé.

**❹** Ils vont en moyenne 8 fois par an chez un médecin ou un spécialiste et ils sont champions du monde de la consommation de médicaments (524 € par an) et pour certains 300 boîtes par an ! Ils en consomment trois fois plus que les Allemands ou les Britanniques.

**❺** Recours à la médecine douce : homéopathie, acupuncture, ostéopathie (il y a 3 500 homéopathes et 2 500 acupuncteurs) ; pratique de l'automédication qui représente 20 % du total des médicaments achetés ; mise en concurrence du savoir du médecin avec la recherche d'informations et de traitements sur Internet.

**❻** *Pistes de recherches :* **cinéma** : *Hippocrate* (2014) avec Vincent Lacoste et Reda Kateb et *Médecin de campagne* (2016) avec François Cluzet, de Thomas Lilti ; *Knock* avec Omar Sy (2017) ; *Réparer les vivants* (2016) avec Emmanuelle Seigner ; *La maladie de Sachs* (1999) de Michel Deville avec Albert Dupontel ; *Docteur Françoise Gailland* (1976) avec Annie Girardot ; *Traitement de choc* (1973) d'Alain Jessua avec Alain Delon et Annie Girardot. **Littérature** : Molière : *Le Médecin malgré lui*, *Le Malade imaginaire* (17e siècle) ; Balzac : *Le médecin de campagne* (1833) ; Zola : *Le Docteur Pascal* (1893) ; Jules Romain : *Knock ou le triomphe de la médecine* (1923) ; Georges Conchon : *Sept morts sur ordonnance* (1975) ; Martin Winckler : *La maladie de Sachs* (1998) ; Maylis de Kerangal : *Réparer les vivants* (2014).

# Chapitre ㉔ CROIRE

## – RELIGIONS, SECTES ET SUPERSTITIONS P. 183

**❶** *pourcentage de catholiques et de protestants :* 65 % catholiques, 3% protestants ; *importance de la communauté juive :* 600 000 membres ; *membres de sectes :* 400 000 (172 sectes) ; *nombre de musulmans :* entre 4,7 et 6 millions ; *adeptes du bouddhisme :* 400 000 ; *consultants de voyantes et d'astrologues :* 10 millions.

**❷** La chrétienté est visible dans les églises des villages et dans les cathédrales ; elle structure le calendrier par les fêtes ; elle est visible dans les pratiques sociales à travers le mariage, le baptême et les funérailles ; certaines de ses valeurs, notamment celles du protestantisme, imprègnent la société d'aujourd'hui : individualisme, libre arbitre, éthique, rôle de l'argent.

**❸** Manque de lieux de cultes ; construction difficilement acceptée par l'opinion publique ; financement lié à des puissances étrangères ; refus de la laïcité pour une partie des musulmans qui n'acceptent pas la séparation entre pratiques religieuses réservées à l'espace privé et présence sans signes visibles dans l'espace public.

**❹** L'inquiétude face à l'avenir économique et social, les difficultés à construire une vie affective stable, le mal être, la solitude expliquent le succès de la voyance qui combine les rôles du conseiller social, conjugal, psychologique et du prêtre.

**❻** *Sainte Bernadette :* né en 1844 à Lourdes, Bernadette Soubirous ne savait ni lire ni écrire. En 1858, elle a eu 18 visions de la Vierge Marie qui lui a dit : « Allez dire aux prêtres qu'on vienne ici en procession et qu'on y bâtisse une chapelle ». En 1866, elle devient religieuse et meurt en 1879 ; elle sera canonisée en 1933. Les pèlerinages de Lourdes dédiés au culte marial sont les plus importants de France. Jean-Paul II et Benoît XVI sont venus honorer de leur présence ces pèlerinages. – *Sainte Thérèse de Lisieux :* appelée aussi Sainte Thérèse de l'Enfant Jésus ; en 1873, elle guérit en voyant la statue de la Vierge s'animer. Entrée en 1888 au carmel de Lisieux, elle a écrit son autobiographie, *Histoire d'une âme qui raconte sa vie spirituelle fondée sur l'abandon de Dieu.* Morte en 1897, elle est canonisée en 1925 et elle est nommée, en 1944, co-patronne de France avec Jeanne d'Arc et après la Vierge qui est la Patronne de France. – *Jean-Marie Vianney (1786-1859) :* appelé aussi le Saint-Curé d'Ars. Ce prêtre est vénéré par l'Église. Curé de la paroisse d'Ars pendant 41 ans, il a été nommé patron des curés de tout l'Univers par Pie XI en 1929. Jean XXIII, Jean-Paul II, Benoît XVI ont fait coïncider des événements importants de la vie de l'Église avec les dates anniversaires du Curé d'Ars. 500 000 personnes participent chaque année aux pèlerinages d'Ars et de nombreuses églises en France et dans le monde portent son nom.

**❼** *chance :* je vais au PMU, c'est mon jour ! – je suis le premier à aller tenter ma chance à la cagnotte du loto – j'aime bien prendre des billets à gratter, on sait jamais – côté sentimental, ça va marcher ; *malchance :* journée pourrie parce que dans ma famille on est très superstitieux – j'ai des copines qui ont peur de ce jour-là – chaque fois une journée de malheur pour moi – ça me fait toujours hyper peur ; *indifférent :* rien de particulier, un jour comme les autres – une journée comme les autres – pas grand-chose – ça me fait sourire, c'est un jour ordinaire.

**Crédits photographiques**
Geogalion.com/Adobe stock

Nº d'éditeur : 10261929 – Dépôt légal : février 2020

Achevé d'imprimer en février 2020
sur les presses numériques de l'Imprimerie Maury S.A.S.
Z.I. des Ondes – 12100 Millau
Nº d'impression : A20/59691N

*Imprimé en France*